日本中の新人の1％が覚醒したら、この国は変わるだろう。

伝説の新人

20代で
チャンスをつかみ
突き抜ける人の
10の違い

紫垣樹郎
小宮謙一

集英社

はじめに　〜20代で、ぶっちぎれ〜

この本は、20代のうちに仕事を通していち早く突き抜け、伝説となるような仕事を数多く残し、他には替えがたい存在になりたいという人のために生まれました。

世の中には、「あの人は優秀だ」と呼ばれる人はたくさんいますが、「超一流」と呼ばれ、その仕事ぶりを「伝説」として語られるような人はほんの一握りしかいません。

私たちは、仕事を通して数多くの伝説的なビジネスパーソンに出会ってきました。

リクルート社で数々のクライアントの採用ブランディングをリードしてきた紫垣は、その過程で数百人に及ぶ各社のトップ社員や経営者へ、仕事に対する考え方にフォーカスしたインタビューを行い、それを20代の学生や社会人に発信してきました。

小宮はリクルート、ソフトバンクの人事として約2万人の20代の学生や社会人との面接を行ってきました。

私たちがこうした経験から学んだのは、**伝説的なビジネスパーソンとなる人に共通しているのは、彼らが20代を全力で走り抜きながら頭角を現し始め、30代、40代と時を重ねる中で大きなチャンスを確実にものにして、加速度的に自分のステージを上げ続けているこ**

とでした。

彼らは、他の20代とは次元の違うスピードで成長し続け、その仕事ぶりや実績が、後に続く者たちの刺激となり、社内や業界内で人から人へと語り継がれていく伝説となっていたのです。

私たちは彼らに一般的に新人として大切にすべきことだけでなく、「20代で突き抜けるために大切なことは何か」を聞いていきました。そして、数々のエピソードを聞いていくうちにそこには共通点があることに気づきました。意識的にそうしていたのか、無意識だったのかは様々ですが、それは20代で突き抜けるための法則ともいえるものでした。

私たちは、**彼らのようなレベルで20代を突き抜ける若者を「伝説の新人」と名づけ、これから社会で活躍していく若い人たちの中に「伝説の新人」を増やしていくことが世の中を活性化するために絶対に必要なのだと思うようになったのです。**

時代は明らかに変わりました。もはやいい大学を出て有名企業に就職できれば安心という時代ではありません。少しでもそう思っているのなら、今すぐ幻想を捨てなければなりません。世界中の優秀な人材と競争する時代がすでに到来しているのです。

だからといって悲観的になることもありません。むしろ活躍のフィールドが世界に広がった時代にビジネスのスタートを切るということは素晴らしいことなのです。

20年ほど前の日本では、世界を舞台に活躍するアスリートは極めて少数でした。しかし、今や子供たちはメジャーリーガーになることや、ワールドカップに出ることを夢見てスポーツを始める時代です。そして実際に子供のころから世界を視野に、やるべき練習を積んできた選手が結果を残し始めているのです。

ビジネスの世界も同じです。目標を高く設定し、やるべきことをやっていけば着実に成長は加速します。この本では、仕事を通して20代で突き抜けていくための法則を伝えていきます。これを20代のうちに、もっといえば新人のうちに理解し、身につけることができるかどうか。それが長い人生において圧倒的な差を作り出します。

社会に出て新人と呼ばれるわずかな期間。社会人としていち早く成功のスパイラルに乗る鍵は、この特別な期間がチャンスであることに気づき、これを活かせるかどうかにあります。

これから紹介する10の違いに気づき、当たり前の基準を高く設定し、思考習慣と行動習慣を変えることができれば、あなたも必ず「伝説」を残す突き抜けた人材となることができます。

近い将来「伝説の新人」たちが創り出す新しい世界が生まれることを願っています。

目次

第六章　伝説の新人は、解釈力が違う。

第七章　伝説の新人は、好かれ方が違う。

序章

新人ならではの武器を知れ。

あなたには「超一流」になる可能性がある

初めに、この本を手に取ったあなたには、伝説を生み出すようなビジネスパーソンになる可能性が十分にあるということからお伝えしましょう。

毎年何十万人もの若者が新たに社会に出て仕事を始めますが、若いうちから書籍を通して学ぼうとする人は残念ながらほんのわずかです。

でも、あなたはこの本を手にしました。

サブタイトルで謳っているように、この本は20代でチャンスをつかみ、突き抜けたい人のための本です。そこそこデキるというレベルでいいのなら、数多くある他の本でもよかったはずです。「超一流」を目指したい、「伝説の新人」と呼ばれるようになりたいと思ったからこそ、今こうしてこの本を読み始めているのだと思います。

実は、その気持ちがあることが「伝説の新人」になるための最低条件であり、同時に最も重要な要素でもあるのです。これは教えて身につくものではありません。

突き抜ける人材は皆、自ら学び、先輩たちのスキルを盗み、やがて大きな信頼を勝ち取って成功のスパイラルに乗っていきます。彼らに共通しているのは、自分を高めたいという気持ちが極めて高く、他の多くの人とは向上心の次元が違うということです。

あなたがこの本を手にしたのは、ここから何かを盗み獲ろうという向上心が引き起こした行動であり、この時点ですでに大きな可能性があるのは確かなのです。重要なのは、その気持ちを持ち続けることです。

若くして突き抜ける法則をいち早く学べ

「ビジネスはゲーム。遊び方を知っていたら、世界最高のゲームである」。これは、「世界一偉大なセールスマン」と呼ばれたＩＢＭの創業者トーマス・Ｊ・ワトソンの言葉です。

新人時代は、ビジネスはゲームだと思えるような余裕はなかなかないと思いますが、この歴史的な「超一流」の成功者の言葉には学ぶべきヒントがあります。

一つは、ワトソンが「遊び方を知っていたら」と表現したことです。これは、成功者はルールを知っているということです。「伝説の新人」を目指すのであればまずは成功にはルール（法則）があるということをしっかり認識し、自分のものにする決意をすることです。

もう一つは、彼がビジネスを「世界最高のゲームである」と表現したことです。これは、**どんな遊びよりもビジネスのほうが面白く、やりがいがあるということです。**

できないこと、苦しいことが次々と押し寄せてくる新人にとっては信じられない言葉かもしれませんが、「超一流」と呼ばれ、自分のやりたいことを次々と形にしている成功者にとっては違和感のないことなのです。

まずは、**ビジネスの「遊び方＝ルール」を知ることです。新人時代に突き抜けるためには、新人時代に突き抜けるためのルールを知ることが重要なのです。**これから章を追って「伝説の新人になるための10の違い」を解説していきます。それは「優秀」な新人になるための違いではなく、「伝説を生み出すような人材」になるための違いです。

新人時代の強みと弱みを認識せよ

何事も競争で勝つためには、自分の強みと弱みを把握し、**強みを十分に発揮して戦うことが重要です。**それでは新人時代の強みと弱みとは何でしょうか。まずは弱みから考えてみましょう。

【新人の弱み】

・経験がない・能力がない・やり方がわからない・実績がない・人脈がない

・お金がない・習慣が身についていない・当たり前基準がない

他にもまだまだありそうですが、大体このようなことに集約されるのではないでしょうか。でも、少し考えてみてください。そもそもなぜ、これほどまで何もない人を企業は採用するのでしょうか。これが中途採用だったらあり得ないはずです。

それは、企業が新人の「可能性」に賭けているからに他なりません。つまり企業は新人の弱みなど百も承知で採用しているのです。言い方を換えれば、**「そんなことは目をつぶるから、新人の強みを発揮してくれ」と期待しているのです。**

では、いったい新人の強みとは何でしょうか。

【新人の強み】

・失敗が許容される・教えてもらいやすい・期待されている・実績で判断されない

・失うものがない（少ない）・若さ、体力がある・習慣が身についていない
・当たり前基準をゼロから作れる

こうしてみると、新人の強みは弱みの裏返しであることがわかります。

経験も能力もないから、失敗が許される。やり方がわからないのが当たり前だから、教えてもらいやすい。実績がないから、実績で判断されない。そして何より重要なのは、**習慣が身についていないから、習慣をゼロから身につけることができるということです。**

これらの強みはいつまでも活かせるわけではありません。年を重ね、30代になったりするとそう簡単に失敗が許されるものではありません。いつまでもやり方がわかりませんと言って教えてもらってばかりいたら、やがて「何年仕事をしているんだ」と言われるようになります。実績を残せないまま時間を過ごすと、チャンスはどんどん離れていきます。

新人時代の強みを武器として戦えるのは3年までです。**ビジネス人生の先は長いですが、新人の強みを活かし、最高のスタートを切るための時間は実は短いのです。**この間に、「超一流」への階段を上る思考習慣・行動習慣を身につけなければならないのです。

当たり前基準を徹底的に高めよ

辞書で習慣の意味を調べると、「長い間繰り返し行われていて、そうすることが決まりのようになっている事柄」と出てきますが、これはその人にとって、そうすることが当たり前の状態を指しています。**この当たり前の基準を、社会人としてどのレベルに設定するかがこれからのビジネスにおける成否を左右します。**

人間の行動の95%が習慣の力によると言われるように、習慣の力は絶大です。例えば、目を見て気持ちよく挨拶をするのが習慣になっている人は、永遠にそうし続けますが、ぼそっと挨拶するのが習慣になっている人は、挨拶のたびに人に不快感を与え続けてしまいます。やっかいなのは、どちらも本人は挨拶していると思っていることです。両者に大きな差があるのは明らかですが、マイナスの習慣が身についてしまったら、きっかけがない限りそれがよくないことなのだとは気づきません。

逆によい習慣を身につけることができればあとは本当に楽です。いちいち考えなくとも自然に頭も体も動いてしまうからです。事実、「超一流」になる人は皆、自分をプラスに導く思考習慣と行動習慣を身につけています。

新人時代は社会人経験がないだけに、働き方の基準がないということが特性といえます。基準がないから、初めの働き方がその人の当たり前基準になってしまいます。

どんな時も120％の力で本気で仕事に向かおうとする人は、そうすることが当たり前になり、少しでも手を抜いて仕事をしようとすることが許せなくなります。

いつも70％の力で乗り切ろうと考える人はそれが自分の当たり前になり、全力を出すということがどういうことなのか、本気で仕事をやるということがどういうことなのかを知らぬまま時を過ごしていくことになります。

「伝説の新人」を目指すのであれば、**伝説を残すような超一流の人材の思考習慣・行動習慣を学び、自分の当たり前基準を徹底的に高めることが絶対に必要なのです。**

目指すレベルを明確にイメージせよ

本章に入る前に、もう一つだけ自分自身に問いかけてほしいことがあります。それはあなたが目指すのはどのレベルなのかということです。

伝説のF1ドライバー、アイルトン・セナは生前よくこう語っていたそうです。**「2位になるということは敗者のトップになるということ。状況がどうあれ2位や3位じゃ満足できない」**

上位に入賞できればいいと考えている人間と、1位以外はすべて負けだと考えている人間が戦い続ければ、圧倒的な結果の違いが生まれて当然です。

ビジネスの世界でも、トップ営業マンを名乗る人は溢れるほどいます。優秀な新人と呼ばれる人もたくさんいます。もちろんそれだけでもすごいことです。

しかし、本気で「伝説」と呼ばれるまでやり遂げたいのなら、覚悟を決めて目標の次元を変えなければなりません。

プロスポーツをイメージしてください。

例えば日本のプロ野球選手は12球団で950名ほどいます。その一人一人が学生時代にずば抜けた実績を残してきた選手です。一軍に上がることができず、二軍で練習を積んでいる選手たちも地元に帰れば有名な優秀な選手ばかりなのです。でも、あなたは何人の選手を覚えていますか。あの選手のプレーはすごかったと記憶に残っている人は何人いるでしょうか。ほんの一握りしかいないのではないでしょうか。

ビジネスの世界でも同じです。会社の同僚の中でトップに立つだけでも素晴らしいことですが、どうせやるならもっと高い目標を掲げたほうがいいと思いませんか。

会社の中で何年も語り継がれるような人材になったり、業界中の人が注目するような人材になることを目標にしたほうがずっとワクワクするはずです。

ましてこれからはグローバル化が本格的になっていく時代です。世界との競争の中でイノベーションとなる仕事を残していけば、世界に「伝説」を残すことも夢ではありません。プロゴルファーの石川遼選手は、子供の頃からプロゴルファーとして、世界一を決めるマスターズで優勝することを目標にしていたといいます。プロゴルファーになることが夢ではないのです。だからこそ、どんなに脚光を浴びても目標を見失うことなく、向上心をもって成長し続けているのだと思います。

「伝説の新人」を目指すのならば、プロとして認められるのは当たり前。そこからどれだけ突き抜けられるかが勝負です。あなたはすでにそのフィールドにいるのです。あとはやるしかありません。

20代でチャンスをつかみ、突き抜ける人の10の違い。

紫垣樹郎

【伝説を生む10の違い】

❶ 伝説の新人は、スタートが違う。

❷ 伝説の新人は、チャンスのつかみ方が違う。

❸ 伝説の新人は、当事者意識が違う。

❹ 伝説の新人は、目標設定力が違う。

❺ 伝説の新人は、時間の使い方が違う。

❻ 伝説の新人は、解釈力が違う。

❼ 伝説の新人は、好かれ方が違う。

❽ 伝説の新人は、伝え方が違う。

❾ 伝説の新人は、スキルの盗み方が違う。

❿ 伝説の新人は、読書力が違う。

これから学んでいく「伝説を生む10の違い」は、本気で語り継がれるレベルで突き抜けたいという思いのある方に向けてまとめています。一般的には「そこまでやらなくても」と思われることもありますが、伝説を残している方々には「そのとおりだ」と共感していただいていることばかりです。心をオープンにして読み進めていただければと思います。

第一章

伝説の新人は、スタートが違う。

まず考えよう

予選で全力を出し切り、ポールポジションを獲ったドライバーと、予選で力を温存し、何台ものマシンの後からスタートするドライバーでは、どちらが勝つチャンスが多いだろうか。

慣らし運転不要。エンジン全開でスタートダッシュせよ

これから伝説の新人と呼ばれる人の10の違いについて話を進めていきますが、もしあなたが20代前半で、そのうち一つだけしか伝えることができないとしたら、私は何をおいてもスタートダッシュの重要性を訴えます。**スタートダッシュの成功によってもたらされる正の循環は、後から簡単には取り返すことができないほど大きなものだからです。**

これまでも中学や高校、大学へ進学した時、同じようなスタートを経験したことがあるかと思いますが、社会人のスタートと学生時代のスタートには決定的な違いがあることをまずは認識しなければなりません。それは、学生時代は同じ学校に入れば誰もが基本的に同じような授業を受けることができ、単位さえ落とさなければ誰もが進級できたのに対し、社会人になるとそうはいかないということです。

どんな会社も価値を生み出すことを追求していますから、より大きな価値を生み出しそうな人に、より大きな仕事を任せ、価値を生み出せない人には、それなりの仕事を任せるしかないという原理が働いているのです。

ですから、社員全員に同じ価値の重さの仕事を振り分けるということは基本的にはない

のです。それは新人においても同様です。最初は誰が価値を生み出しそうかはわかりませんから横一線でスタートになりますが、**差が少しでも見え始めると前を走っている新人に、より重要な仕事が与えられるようになるのです。**

学校の先生と会社の経営者を比べてみると、もう少しわかりやすいかもしれません。

学校の先生は、教えることが仕事です。ですから、優秀な学生に対しても落ちこぼれの学生に対しても教えるべきことを教え、学生を成長に導こうとします。

しかし、経営者の仕事は教えることではありません。もちろん、社員教育は重要ですが、それは目的ではなく、いい経営をしていくための手段なのです。経営者の仕事は世の中に価値を提供し、利益を上げるべく会社を経営していくことですから、価値をたくさん生み出す人により多くの仕事を任せるようになるのは当然です。落ちこぼれを救うより、優秀な社員にさらに多くの価値を発揮してもらうことで企業を成長に導こうとします。

新人であろうが10年目の社員であろうが、**デキる人にはどんどん大きな仕事が集まり、デキない人には重要な仕事が回らないのが普通なのです。**

チャンスはぶっちぎった者に集中する

28ページの図1をご覧ください。上に向かっている矢印の一つ一つが同期の新人を表すとします。スタート時点ではほぼ横一線の状態です。同期が少なければ、世の中すべての新人と考えても結構です。

これを上司や先輩、あるいはお客様の立場になって見直してみましょう。この状態で新人に何かものを頼むとしたら誰にしようか迷ってしまったり、誰でもいいから頼んでみようとなるはずです。誰がどんな働きをするかがまだわからないからです。

では次に図2をご覧ください。これは誰が見ても突出している新人が一人いる状態です。仮にあなたの姿だとしましょう。あなたは「イキのいい新人」として認知されています。この状態になると、社内で「新人に任せてみようかな」と考える案件が生まれるたびに、まずあなたのことが想起されるようになります。

そこであなたがこれをチャンスと理解し、「ありがとうございます！　やります！」というスタンスで臨み、期待に応えることができれば、チャンスは次から次へとあなたに集中し始めます。**なぜなら新人がどんな働きをするかは、新人に仕事を頼んだ上司や先輩だ**

図1

新人たちの入社直後の状態

図2

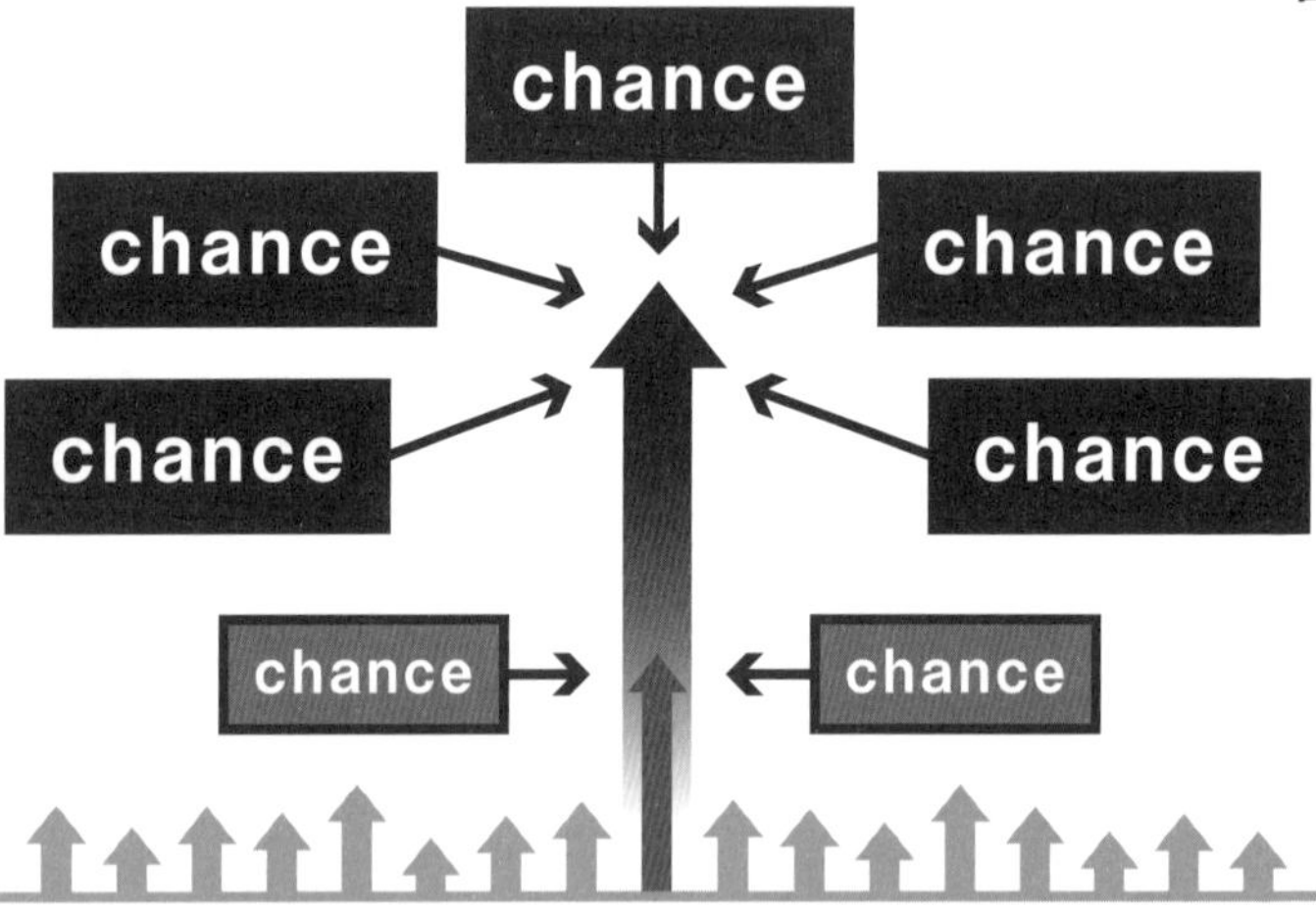

チャンスをものにすれば、さらにチャンスが訪れる

チャンススパイラル

けでなく、実はその周りの人も気にかけているからです。組織の中には、常に誰に頼めばいいのだろうかという思いが満ちているのです。

例えば、あなたに仕事を頼んだ先輩が仲間たちと飲みに行ったとします。すると、そこではこんな会話が行われているでしょう。

「今年の新人、誰がいけてるの？　お前のところの新人、かなり頑張ってるみたいだけど」
「この前、ちょっと仕事を振ってみたんだけど、かなり優秀だよ。前向きだし、まだまだフォローも必要だけど、学ぼうとする姿勢が強くて頼みやすいよ」
「へぇ〜。じゃあ、俺の案件もちょっとお願いしてみようかな……」

こうしてあなたの仕事ぶりは、自分の仕事を任せられる人を探している先輩や上司の中で次第に広まっていくのです。

このような会話は新人だけを対象に行われているわけではありません。すべてのビジネスの場でこのような情報交換が行われているのです。これは会社の枠を超えても同様です。

「あの仕事、すごくよかったけど、どこの会社にお願いしたの？」
「ああ、あれはA社にお願いしたんだけど、担当のTさんというのがすごい人でね……」

このように、いい仕事をし続ける人はそれが評判となり、該当分野で案件が生まれた時に、常に第一想起されるようになります。第一想起とは「○○といえば、誰」のように一番に思い起こされることです。こうしてチャンスをつかみ、さらに経験と実績を積んでいくことで、やがて業界で「伝説」と呼ばれる超一流の人材になっていくのです。

チャンススパイラルにいち早く乗れ

このように次々とやってくるチャンスに乗って上昇する様子を、私たちはチャンススパイラルに乗っていると表現しています。**ビジネスで加速度的な成功を遂げる人は皆、このチャンススパイラルに乗って一気に上昇していくのです。**

20代の皆さん、特に新人の皆さんにスタートダッシュの重要性を訴えたいのは、このチャンススパイラルに乗るタイミングが若ければ若いほど加速度的に上昇する原理が働くからなのです。

チャンススパイラルに乗って上昇すると、経験すること、付き合う人、世の中を見る視界、クライアントの大きさなど、すべてがそのつどレベルアップしていきます。

すると、耳に入ってくる話も変わってきます。上司と同じ視界でものを見ることができるようになったり、上司が体験してきたことと共通の体験を積むようになると、周囲の人のあなたに対する見方が変わってくるのです。そして、これまで聞けなかった話を聞き始めることで、あなたの視界はますます広がっていくことになります。

30代になって、周りの誰もがそれなりの経験とスキルを積んだ状態で、そこから第一想起されるようなポジションを獲るのは20代の時と比べて難しいのが事実です。

20代の時、特に新人時代は誰もが経験も実績も能力もない状態でのスタートですから、ここで頭一つ突き抜けて第一想起されることは30代、40代のそれと比べると圧倒的に容易なのです。

スタートの遅れは実力差以上の差になる

実は私は、大学時代にスタートダッシュを怠ったことで大きな失敗をした経験があります。その失敗のおかげで、社会に出たらスタートダッシュが大事なのだと学んでから社会人になることができました。考え方の参考に少々その体験をお話しします。

私は小さな頃から野球が好きで、小学校・中学校・高校までは常にクリーンナップを打つ中心選手として活躍していました。しかし、高校野球の最後の夏の大会、青春の集大成で臨んだはずの予選のなんと1回戦で、一本のヒットも打てずに負けてしまったのです。悔しさと同時にこのままでは終われないと考えた私は、大学であと4年、野球を続けようと決意しました。しかし、野球ばかりしていた私の学力では現役で大学に進学することはできず、一浪の末、試験に合格し大学の野球部に入部することになったのです。

大学の野球部には高校時代に活躍した選手がたくさん集まってきています。私と同期で入部した新人たちの中にも、甲子園で活躍したような選手や甲子園までは行けなかったけれども、すごい実績を残してきた選手がたくさん揃っていました。

私は彼らと競争するには、まずは大学の練習についていき、1年間の浪人生活でなまっている身体の切れを取り戻してからが勝負だと考えていました。

そんな中、何人かの同期の新人はスタートから猛烈な意気込みでチャンスをうかがい、監督や上級生たちに存在をアピールし続けていました。

その時の私は、そんな彼らを見てかっこ悪いと思っていたのです。同じ1年生として一緒に練習をしていますから、お互いの技術レベルはわかります。多少の差があっても追い抜けないレベルではない。最後は実力で決まるはずだ。まずは身体の切れを取り戻してそこからが勝負だと思っていたのです。

しかし、それは甘い考えでした。夏のある日、二軍の紅白戦が行われることになりました。それまで紅白戦に新人が出場したことはありません。新人たちはグラウンドの脇で筋トレをしたり、ボール拾いをいつも通りしていたのです。でも、その日は違いました。同期の新人の中の一人が急に呼ばれ、代打に出すから準備をしろと言われたのです。

声をかけられたのは必死にチャンスをうかがい、アピールし続けていた選手の一人でした。今では切っても切れない親友ですが、私はその時は激しい嫉妬とともに、凡打で終わってくれと心の中で願ったのです。しかし、彼は見事にヒットを打ってのけました。明らかに二十数人の新人の中でチャンスをつかみ、ものにした第一号でした。

野球でヒットを打てるのはうまい選手でもせいぜい3打席に1回ですから、今になって思えば、まさにチャンスに対する準備をし続けた結果だったのでしょう。それを見て私を含め、新人たちは皆強い刺激を受け、「次は俺が」と心に期していました。**当時の私たちは、チャンスがチャンスをものにした人に集中するということを知らなかったのです。**

翌日、再び彼は代打で起用されました。今度は凡打に終わりましたが、最初のヒットの印象が強かったからでしょうか、その後、続けて代打で起用されるようになったのです。もちろん、毎回ヒットを打つことはできませんが、何回か打席に立つと、またヒットを打ったりします。次第に彼が代打でヒットを打っても誰も驚かなくなりました。

秋も近づいてきた頃、とうとう彼はスターティングメンバーとして名前を連ねるようになりました。私はといえば、相変わらずグラウンドの脇で走り込みをしています。

ステージが上がった彼は、試合のたびに3回か4回打席が回ってきて、コツコツとヒットを重ねていきました。そのうち上級生だけが集まって行うミーティングにも参加するようになり、やがて一軍としてベンチ入りするようになりました。同じ新人として同じグラウンドに立ちながら、見ている世界はまったく違うものになっていってしまったのです。

私は決定的な差をつけられたことを感じ、スタートダッシュを怠った自分の愚かさを嘆きました。私はチャンスを引き寄せることができぬまま、十分な打席に立つことなく新人時代を過ごしていくことになってしまったのです。

もしかしたらそんなことは考えすぎで、ただ単に私が下手くそだったのかもしれません。しかし、実績も経験もない新人がチャンスをつかむためにスタートダッシュをかけ、チャンススパイラルに乗ってあっという間に一軍に駆け上がっていく様子を唇を噛んで見ているしかなかった自分がいたのは事実なのです。

今振り返ると、学生時代に運動部という競争の世界でスタートの失敗を体験したことは、私の人生にとって大きな学びでした。そして大学での4年間を終え、**社会人としてスタートを切る際、同じ失敗だけは絶対にしないと私は心に決めていました。**

手を挙げてバッターボックスに立て

スタートダッシュを心に決めてリクルートでの社会人生活を始めた私は、あることに驚きました。それは会社にはチャンスがたくさん落ちているにもかかわらず、それを拾おうとする人が意外に少ないという現実でした。一人一人が忙しい会社であったからかもしれませんが、新たな案件が発生し誰かがそれをやらねばならない状態になっている時、自ら手を挙げる人が少なかったのです。少なくとも私はそう感じました。

先輩たちはすでに自分の目標数字に追われている状態です。かといって経験もなく知識も能力も身についていない新人たちはなかなか手を挙げない。

私はここぞとばかりに手を挙げ続けました。手を挙げてもなかなかバッターボックスに立てない世界で4年間を過ごしてきた私にとっては、**手を挙げるだけで何度でもバッターボックスに立てる会社員の生活は本当に驚きだったのです。**

しかも、失敗しても次がある。もちろん新人だから多少の失敗については目をつぶってもらえていたのですが、ヒットを打てなければ、次にバッターボックスに立つチャンスが大きく遠のいてしまう環境に比べると、はるかにチャンスがつかみやすい環境でした。

先輩たちが敬遠する要望の多いクライアントの仕事、単純作業ばかりが多い業務、部会の幹事、課のニュースレターの発行、弁当の買い出し、飲み会のお店探し……。そうした皆が敬遠しがちな業務のすべてが私にはチャンスに見えていました。

手を挙げ続けた私は、業務の多さに何度もおぼれそうになりました。しかし、全力で走り続けなければ追いつかない大量の業務に忙殺される状態が続くと、少しずつコツを覚えたり、先輩がやり方を教えてくれたりして、できることもキャパシティも増えていくのを実感することができたのです。振り返ると、あの時、手を挙げ続けたことが私にとってのチャンススパイラルの入り口だったのだと思います。

常に全力を出し切ることを習慣づけよ

ここまでは、新人時代のスタートダッシュの重要性をチャンススパイラルに乗るためという切り口でお伝えしてきました。しかし、本書でお伝えしたいのは、スタートダッシュで仲間を出し抜けということではありません。

スタートダッシュをすることで得られる大切なことを身につけよ、ということなのです。**それは、働き方に関して当たり前基準がない状態から全力でダッシュし続けることで、それがあなたにとっての働き方の当たり前基準となり、習慣となっていくということです。**

頼まれごとがあったら喜んで引き受けるのが当たり前、目の前のチャンスはすぐに手を挙げてつかむのが当たり前、仕事に対しては絶対に手を抜かず全力で取り組むのが当たり前、人が嫌がることは買って出るのが当たり前、仕事をくれた方の期待を超える行動を起こすのが当たり前……と、当たり前基準を高いレベルで設定できれば、あとは習慣の力で放っておいても成長は加速していきます。

しかし、新人時代にスタートダッシュをかけずに、マイペースで社会人生活を始めてしまうと、それがその人にとっての当たり前基準となってしまいます。**全力を出し続けるのが当たり前の人と、自分なりのペースでやっていくことが当たり前の人。両者の当たり前基準の差は時がたつにつれ、差を埋めることができないほどの実力の違いを生み出します。**

でも、残念ながら新人時代にこの重要性に気づく人は少ないのが現実です。それは、実力の向上と評価の向上には時間差があるからなのです。日本企業の多くは、新人の初任給は全員同額でしばらくは差をつけたりはしません。全力の人もマイペースの人もしばらくは同じ金額をもらい続けます。

働き方の違いは、やがて実力の差を生み出し始めますが、それが結果として表れるのはさらに先。そして積み上げた結果が評価に反映されるのはさらにその先です。

その間は、給料もポジションもあまり変動しませんからマイペースでいても問題を感じたりしないのです。そこが落とし穴です。

しかし、1年たち、2年たつと、全力で走り続けてきた誰かが突然、会社の重要な案件に加わるようになったり、同期で初めて昇格や昇給をし始めます。

多くの新人はその時初めて差をつけられていたことに気づきます。でも、その時には全力で走り続けてきた新人はすでにチャンススパイラルに乗ってステージを上げていますから、簡単に追いつくことはできなくなっているのです。

ましてマイペースで働くことが当たり前として習慣づいてしまっていたら、そこから全力で走り続けることが当たり前と感じるように習慣を変えていくのは大変です。

本気で成功したいなら3年間は徹底的に働け

昨今、世の中ではワークライフバランスの重要性が叫ばれています。仕事の時間とプライベートの時間をバランスよく充実させなければ豊かな人生とはいえない、という考え方です。こうした考え方が合う人もいるでしょう。しかし、あなたがもし「伝説の新人」を目指すのなら、この考え方を鵜呑みにしてはいけません。

「超一流」と呼ばれる人の決定的な共通点は、その誰もが20代のある時期、徹底的に仕事に打ち込んでいたということだからです。

もちろんその間、まったく遊んでいなかったわけではありません。逆に遊ぶときは思いっ切り遊んでいる人が多いくらいです。でも、遊びはあくまで息抜きです。遊びと仕事を比べたら、圧倒的に仕事に重きを置いているワークライフアンバランス状態。会社での業務が終わってからも、興味のある本を読んだり、会うべき人に会ったりと、生活する上での意識のほとんどを自分がフォーカスしていることに費やしている人ばかりなのです。

もっといえば、オンとオフの精神的な境目がない状態ともいえるでしょう。これをワークライフインテグレーションといいますが、好きなことややりたいことにオンもオフもなく一人の人間として没頭し、楽しんでいる状態です。

作詞家でAKB48をはじめ数々の企画を生み出しているプロデューサーの秋元康さんは「一日19時間が仕事」とインタビューで答えています。**「どこからが仕事でどこからが仕事でないかという境目がなく、食事をしていても常に何かネタになることはないかと考えたり、脚本に使えないかと考えたりしていて、結局寝ている時間以外はすべて仕事に関連してしまう」**と話しています。

『天才！ 成功する人々の法則』を著したマルコム・グラッドウェルは、アイスホッケー選手、サッカー選手、バイオリニスト、ピアニスト、作曲家、小説家など、**様々な分野のプロで世界的なレベルに達した人には、例外なく1万時間の訓練期間があったことを指摘し、それを「1万時間の法則」と呼んでいます。**

ビートルズも下積み時代に、1日8時間以上、約1200回ものライブをこなしていました。ビル・ゲイツは中学2年から大学中退まで1万時間以上、プログラムの開発にのめり込んでいました。1万時間とは、一日3時間で約10年。6時間で5年。10時間で3年です。こう考えると、20代で頭角を現し始める人間が出てくるのが入社して3年たったころだというのも頷けます。伝説的な仕事を残してきた人が、「20代は徹底的に働け」と口にするのは、それを感覚的に覚えているからなのでしょう。

ある若手社員にこうした事実を伝えると、彼は「平日は仕事に集中していますから、土日は仕事のことは一切忘れるようにしたいです」と自分のスタイルを主張してきました。

もちろん、普通に優秀というレベルでいいのならそれでも結構です。平日の業務時間に求められていることにしっかり応えているのなら、会社としても何ら問題のない優秀な社員といえるでしょう。でも、そんなレベルで「伝説」を生み出す「超一流」になれるほど世の中は甘くありません。**世の中で第一人者と呼ばれるような人は、皆、その分野でNO.1のポジションを獲るまでそれに没頭しているのです。**

考えてみてください。オリンピックで世界の頂点を目指す選手が「土日は休みですから、競技のことを一切考えないようにしています」などと言うでしょうか？

イチロー選手は小学校3年から中学3年までの7年間、一年間に363日バッティングセンターに通い続け、毎日200〜250球の打撃練習を積んでいたといいます。打撃練習をしなかった2日はバッティングセンターが休業した2日だけ。

「超一流」を目指すということは、四六時中、目標に向かって突き進んでいなければつかむことのできない夢を追いかけているということなのです。

それはビジネスの世界でも同じです。**周りと同じことをやっていて、いつの間にか頂点に立っていたなんてことは絶対に起こらないのです。**

サイバーエージェントの藤田晋さんも新人時代（インテリジェンス時代）は猛烈な働き方をしていたそうです。「21世紀を代表する会社をつくる」という目標を持っていた藤田さんは毎日終電ギリギリまで働くのはもちろん、土日も、夏休みもなく働き続け、食事は社内にあった自動販売機のパンばかり。仕事に夢中になっていて食事したこと自体忘れていることがあるほど仕事にハマっていたといいます。その結果、1年目にして粗利益額5000万円という数字を残し、すごい新人が入ってきたと注目を集めたそうです。

決して長時間労働を勧めているわけでもありませんし、休みを取るなと言っているわけでもありません。仕事は時間の長さで測られるものではありません。

ただ、伝説的な結果を残している人は皆、それを苦痛と考えることなく目標に向かって没頭するほど打ち込んでいるという事実に目を向けてほしいのです。

もしあなたが本気で「伝説の新人」を目指すなら、まず、最低3年間は全力で駆け抜けてみてください。すると、それが当たり前のことになり、全力を出すことに苦しさを感じるようなことはなくなります。「慣性の法則」が人生でも働いているのです。止まっているものを動かす時は、外から力を加えていかなければなりませんが、それが一度高速で動き始めればあとは慣性が働き、小さなエネルギーでも高速で動き続けます。

初めの3年間を全力で駆け抜けたら、あとは習慣の力で成長が加速することを必ず実感できます。**むしろ、その世界で成功する感覚をつかみ始めることにより、仕事が楽しくなってくるでしょう。**オフの充実は、超一流の実績と実力が備わってからで十分です。そうしないと逆に大変なことになってしまいます。**やりたいことを高いレベルでできる力を身につければ、やりたい仕事をやり続ける人生を送ることができます。それこそが真の意味での自由だと思います。**しかし、20代で力をつけることを怠り、与えられたことだけをやるような生活をしていると、その後のビジネス人生のすべてが仕事に追われるものになってしまいます。

20代で全力を出したほうが、結果的に楽しい人生を送れるようになるのです。

仕事が楽しいと人生が楽しい

社会に出ると、時々「どうしてそんなに頑張れるの？」と聞きたくなるほど頑張っている人に出会うことがあるでしょう。しかし、実際に話をしてみると、その人はその働き方が普通だと思っていることが多いのです。それは仕事を始めた早い時期に常に全力を出すという習慣が身についてしまっているからなのです。

常に全力を出していては辛いのでは？　と思うかもしれません。でも、彼らはそうは感じていません。**彼らにとってはそれがそもそも当たり前ですし、常に全力で仕事に向かっていますから、仕事の生産性もクオリティも高く、社内からもお客様からも喜ばれたりするので仕事がどんどん楽しくなってしまうのです。**

一生懸命に、しかも楽しそうに仕事をしてくれてそのクオリティも高いとなれば、一度仕事をした人はもう一度仕事を依頼したいと思いますし、評判になるのは当然です。すべてが好循環を生んでいるのです。

人は楽しいと感じることに、エネルギーが自然に向かっていきます。どんな時に楽しいと感じるかというと、できなかったことができるようになったり、人から褒められたり感謝されたり、仲間が自分を認めてくれたりする時です。

仕事でこの楽しさを味わうためには、全力で仕事に集中し、成長の喜びや人に喜ばれる快感を体験することです。**それは本気でやったからこそ得られる喜びや快感であり、本気でやっていなければ味わうことのできないものなのです。**

これを一度味わうことができれば、あとはもう一度味わいたいという気持ちがエネルギーとなって次の仕事につながっていきます。こうして社会人生活の大部分を占める仕事の時間が楽しくなると、人生そのものが楽しくなっていきます。

そのためには、まず全力でスタートを切ることが重要なのです。

第一章 〜伝説の新人は、スタートが違う〜 まとめ

- エンジン全開でスタートダッシュせよ
- チャンススパイラルにいち早く乗れ
- スタートの遅れは、実力差以上になる
- 手を挙げてバッターボックスに立て
- 全力を出し切ることを習慣づけよ
- 本気で成功したいなら3年間は徹底的に働け
- 仕事が楽しいと人生が楽しい

第二章

伝説の新人は、チャンスのつかみ方が違う。

まず考えよう

同じ世界に生きていて、
チャンスをなかなかつかめないと嘆く人と、
チャンスを次々とつかんで確実にモノにし、
そのたびに自分のステージを上げてしまう
人がいるのはなぜだろうか。

チャンスはチャンスの顔をして現れない

前章では、スタートダッシュをしてチャンススパイラルにいち早く乗ることの重要性についてお話をしてきましたが、そもそもチャンスとは何でしょうか。

辞書で調べると「物事をするのにいい機会」と出てきますが、これではあまりにも漠然としすぎています。まずチャンスという言葉の定義をこの本の目的に合わせて書き換える必要がありそうです。ではチャンスとは何なのか。ここでは**チャンスとは、「自分が望む方向に変わっていくためにプラスに働く出来事」と定義づけて話をしていきます。**

上司に大きなプロジェクトへの参加を要請されたり、海外でのプレゼンに行くはずだった先輩が病気で行けなくなって自分に声がかかったりすることも大きなチャンスです。**でも、チャンスを「自分が望む方向に変わっていくためにプラスに働く出来事」と考えたら、もっともっと目の前にチャンスは転がっていることに気づくはずです。**

数多くチャンスをつかむ人と、なかなかチャンスをつかめないという人の大きな違いは、目の前を通り過ぎているチャンスに気づいているかいないかの差なのです。

昔から、「チャンスはチャンスの顔をして現れない」と言われるのはそのためです。

仕事はその仕事にふさわしい人に流れている

目の前に数多く転がっているチャンスに気づくようになるためには、まず仕事というものがどのように流れているのかを理解しなければなりません。あなたに依頼された仕事は、なぜあなたに依頼されたのかということです。初めに認識しなければならないのは、仕事を依頼してきた人（多くの場合、上司やお客様）が担当している仕事は、あなたに依頼してきた仕事だけではないということです。つまり、数多くの担当している仕事の中から、あなたにやってもらうことを選び、依頼しているのです。

では、なぜあなたにその仕事を依頼したのでしょうか。他の社員にお願いしたり、アルバイトに頼んだり、外部のパートナーに発注したりもできたはずです。

実は依頼者は無意識のうちに、次のような思考を行っています。まず、その仕事の重要度と難易度を鑑み、どのレベルの人に頼めばいいかを考える。次に、思い浮かべた人の能力や実績を思い返し、期待に応えてくれるかどうかを検討し、頼む人を決める。

先輩が担当することになった仕事も、あなたが担当することになった仕事もすべてこのようなステップを経て依頼されているのです。

一つ一つの仕事の重要度や難易度は様々です。54ページの図をご覧ください。重要で難易度も高い仕事は、能力も実績もある人が行うことになり、重要度も難易度も低い仕事は、能力も実績も十分でない人に回ってきます。

この当たり前の法則を理解することが重要です。そして当然ながら新人は一番下の重要度も難易度も低い仕事から任されるのです。

チャンススパイラルに乗るためには、新人はここで与えられた仕事をきっかけに一つ一つ上のレベルに上がっていかなければならないのですが、**多くの新人は一般的に重要度も難易度も低いと思われている仕事の「新人にとっての重要性」に気づいていません。目の前にあるチャンスがチャンスに見えない原因がここにあります。**

最低でも期待値を超え、可能な限り感動を与えよ

例えば、あなたがデスクで仕事をしていると上司からこんな依頼をされたとしましょう。

「お客様が来てランチミーティングをするから、皆の弁当を用意してくれるかな」

頼まれた瞬間の反応だけでも、10人いれば10通りの反応があるでしょう。「はい！　喜んで！」と笑顔で返事をする人もいれば、作業の手を止めず目も見ずに「わかりました」

とだけ言う人もいるのではないでしょうか。いずれにしてもあなたは弁当を買いに行くことになりました。この状況であなただったら次のどれに近いでしょうか。

①お客様の好みを上司に確認し、弁当とお茶を買ってきて、会議室の一人一人の席に用意した。

②弁当と飲み物を人数分買ってきて、会議室に用意した。

③弁当を買ってきたが、飲み物までは気が回らなかった。

このように弁当を用意するということだけでも、これだけ行動に違いが表れます。**そしてこの行動を見て、仕事の依頼者はあなたに対するジャッジを無意識に行ってしまうのです。依頼者は無意識のうちにあるレベルの期待値をもってあなたに依頼しているからなのです。**

②のアクションに対し、依頼者の期待値が同じレベルだったとしたら、依頼者は小さな満足感を得るでしょう。しかし、期待通りですので特に感情的な変化は生まれません。

では③のアクションだったらどうでしょうか。これは明らかに依頼者の無意識の期待値を下回っています。確かに飲み物も用意しろとは言われませんでしたが、依頼者からすると「飲み物を用意するのが当たり前だろ？　使えないヤツだ」と言いたくなります。**注意をしなければならないのは、こういう状況で正面から「それくらい気づけ！　バカ野郎！」と言ってくれる人が次第に少なくなってきているということです。**依頼者の多くは、心の中でそう思っていながらも、優しく「飲み物は買ってきてないの？　今度はよろしくね」などと自分の気持ちを抑えて話をし、そして、二度とこいつには頼まないと心に決めてしまうのです。

では、①のアクションを取ったらどうでしょうか。これは依頼者の無意識の期待値を超えている状態です。この状態になると、依頼者は小さな驚きと感動を覚え、あなたのことを「使える新人」と評価し、次は別の仕事を頼んでみようという気持ちになるのです。弁当を買ってくるというただの雑用にしか見えない仕事も、次につながるチャンスにする人もいれば、そこから評価を落としてチャンスを遠ざけている人もいるのです。

「伝説の新人」を目指すのであれば、常に相手の期待値を上回らなければなりません。そして時にサプライズや感動を与えることができれば、次のチャンスがさらに近づいてくるのです。

仕事はその仕事にふさわしい人に流れていく

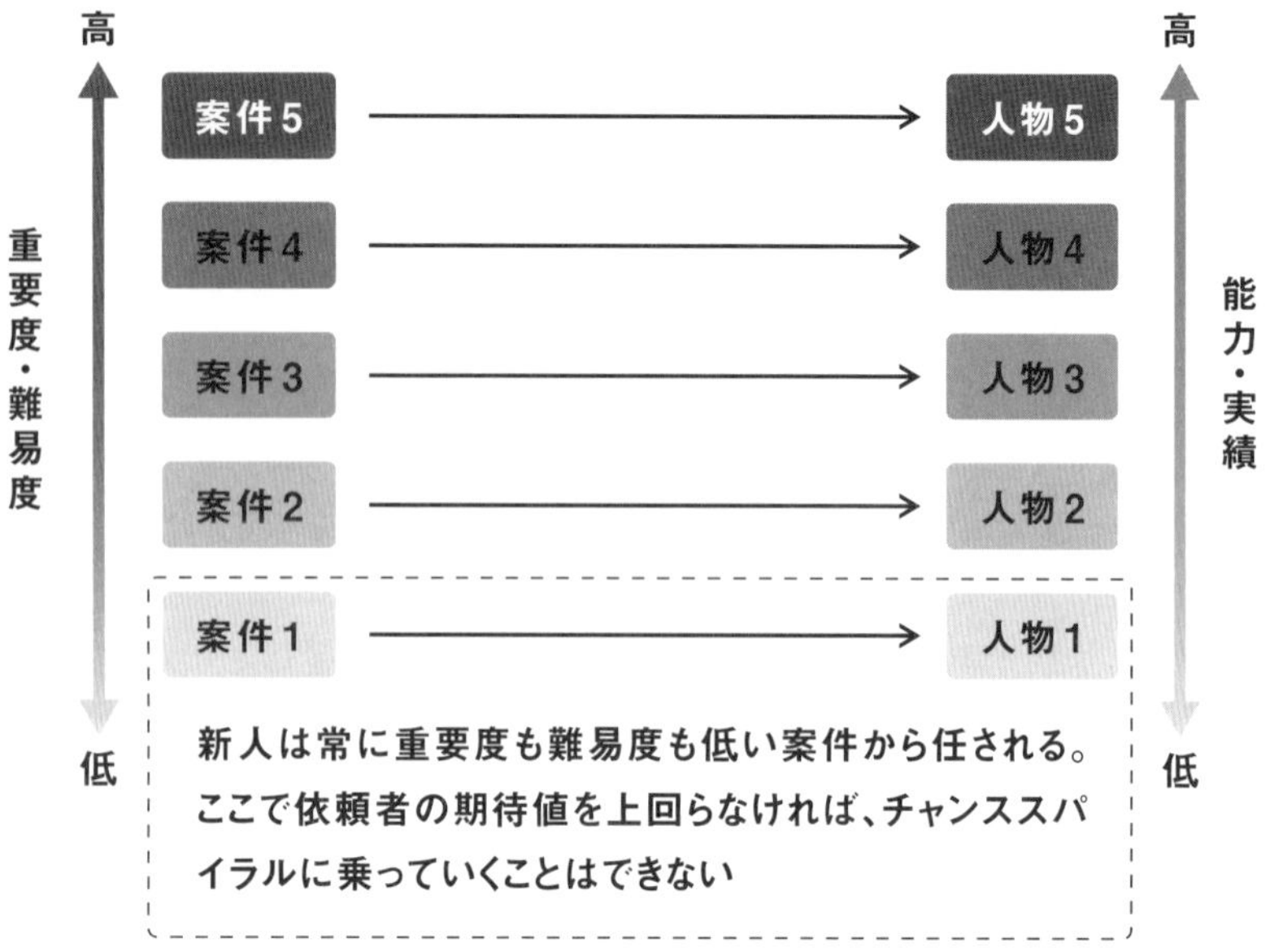

101%の法則

ほぼ同じことをやっても、1%でも相手の期待値を上回るとその1%が目立ち、次につながる

101%の法則でチャンスを切り拓く

これは新人時代だけではなく、どんなにベテランになっても仕事をしていく上で絶対に忘れてはいけない重要な考え方です。**すべての仕事は期待されている**という事実をしっかり理解することで、初めて期待値を超えるという仕事の基準ができるからです。

私たちは、これを「101%の法則」と呼んでいます。どんな仕事でも相手の求めていること=相手の期待値をしっかりとイメージし、それに応えるだけでなく、1%でもいいから、その期待値を上回ろうと考え、行動すること。このたった1%オンされた行動の違いが相手に強い印象を残し、すべてを好循環に導きます。これこそがチャンススパイラルに乗る鉄則なのです。

逆にたった1%だけ、相手の期待値に足りなかったとしましょう。すると残念なことに頑張った99%は評価されず、そのマイナスの1%が目立ってしまうのです。すると相手は次に何かを依頼するとしても、もっとレベルの低い仕事を頼むようになり、それが続くと仕事を頼まれなくなってしまうのです。

101%と99%の違いはたった2%ですが、この違いは天と地ほどの違いなのです。

101%の法則に則り、1%のオンをし続けるためには、常に相手の立場で物事をイメージし、その期待値をどうしたら超えられるかを考える習慣を身につけなければなりません。これが習慣として身につき、99%で終わる仕事がなくなってくると、仕事は面白いようにうまく回り始めます。

ビジネスは価値の交換ですから、100の期待値に対して常に101以上で返してくれる人には、次々といい仕事が集まってくるようになるのです。

すべての失敗を学びに変えろ

しかし、この1%をオンし続けること、そして1%のマイナスを残さないことはそう簡単ではありません。特に新人時代は何度も失敗を繰り返すことでしょう。

でも、その経験が大切なのです。新人には新人ならではの特権があります。新人に重要度も難易度も低い仕事が任されるのは、失敗のリスクがあっても取り返せる仕事だと依頼者が判断しているからなのです。つまり失敗しても許される、期待値のそれほど高くない仕事なのですから、期待値を超えることを強く意識すれば、超えやすいことが多いのです。

「伝説の新人」を目指すのであれば、常に相手の期待値を超えられたかどうかを基準に自分の行動を振り返り、もし期待に応えられていなかったり、期待値を超えることができていなかったら、どうすればよかったのかを考えて信頼を取り返すべく次に活かすことが重要です。一つ一つの失敗を学びに変えていけば、やがて常に101％で応え続けられる力が身につきます。

振り返ると私も最後の1％を達成できずに数々の悔しい思いを重ねてきました。中でもある企業の入社案内パンフレットを作成した時のことは鮮明に記憶に残っています。

数十ページの入社案内を作るためには、企画から取材・撮影、原稿作成、デザイン、印刷……と、3～4か月かかります。その間、先方の担当者と一緒に何度も取材を行ったり、原稿のやり取りをしていくわけです。やがてお互いに信頼関係が生まれ、「完成したら打ち上げに行きましょう」と声をかけていただくまでになりました。

しかし、最後にトラブルが待っていたのです。先方から電話をいただいた時、それまでとは明らかに違う声のトーンに嫌な予感が働きました。校正の段階で修正したはずの文字修正が1か所だけ納品されたものには反映されていなかったのです。しかも、その修正は先方の会社の社長が修正指示したものだったのです。入社案内の完成を担当者が社長に報告に行ったところ、社長が修正が直っていないことに気づき、問題が発覚したのです。

結果的に、その入社案内は再度修正を行い、刷り直しすることになりました。たった1か所の修正漏れで、刷り直しの印刷費がかかっただけでなく、お客様との信頼関係も崩れてしまったのです。その後、私がその会社の入社案内を作ることはありませんでした。

私は、この経験から99％で終わることの恐ろしさを強烈に学びました。そして二度と修正漏れを起こさないことを誓い、仕事の進め方を変えていったのです。

1回の200％より、101％の継続が重要

101％の法則の話をすると、「どうして101％なのですか。200％ではいけないのですか」と質問を受けることがあります。もちろん期待値に対して200％で応えることができたら、相手に感動を与えることもできるでしょうし、評価も高まることでしょう。ですから200％で応えてはいけないということはありません。

ただ、何より重要なのは継続です。ビジネスは価値の交換ですから、価値を相手に認めてもらい続けることが大切です。価値とは「これくらいの仕事であれば、これくらいの仕

上がりで、これくらいの価格だろう」という、無意識のうちに行われる計算によって想定されています。その価値の想定値が期待値なのです。これを上回り続けることが重要なのですが、大きく上回りすぎるとこれを継続できなくなり、ビジネスとして破綻してしまいます。

２００％で応え、相手の高まる期待値もさらに「超え続けられる」のであれば最高です。でも、２００％の時もあるけれど、マイナス１％の時もあるという状態ではプロとして失格なのです。チャンススパイラルもそこで途切れてしまいます。

ですからまずは、「最低でも相手の期待値を超え、可能な限り感動を与える」という基準設定で１０１％を継続し続けることです。

その努力や工夫の継続があなたを他者とは違うポジションへ導くのです。

期待値を調整してでも１０１％にこだわれ

実際に１０１％の法則に則って動こうとすると、「相手の要望が大きすぎてどうやっても期待値を超えられそうにない」という時もあるでしょう。そんな時は、やる気を見せなければと考え「ハイ！　やります」と答える前に、相手の「期待値の調整」が必要です。

お蕎麦屋さんには申し訳ないのですが、日本には「蕎麦屋の出前のようだ」という表現があります。出前を注文した時は、「30分くらいでお届けできます」と言われたのに、40分たっても来ないので電話をすると、「すみません、もう10分くらいでお届けします」と言われ、60分が過ぎても来ないのでクレームを入れると「今、お店を出ました……」。

今どきこのようなお蕎麦屋さんはないと思いますが、ビジネスにおいてこれと同じことをやり続けている人はたくさんいます。

本人は一生懸命にやっているつもりですので、心のどこかに「今、必死にやっているんだから少し待ってくれてもいいのに」という気持ちがあるのですが、**そもそもお客様にとっては依頼した相手が必死かどうかは関係ありません。結果がすべてなのです。**

期待通りだと満足し、期待を下回ると不信と不満を募らせ、期待を上回ると感動するのです。ですから、前述の例でいえば、あらかじめ「本日は大変混んでおりまして、1時間ほどお時間をいただくかもしれません」と期待値を調整しておくことが重要です。

1時間くらいだと思っているお客様のお宅に、45分で届けたら喜ばれますが、30分くらいだと思っているお客様に、45分で届けたら怒られます。どちらも45分間頑張ったのは同じで、期待値の調整ができているかどうかが違うだけなのです。

こうした失敗を繰り返す人は、自分のことしか考えていませんから「15分遅れただけなのに」と考えますが、お客様は30分で出前が来て、すぐに食べて15分後には出かける予定を組んでいたかもしれません。

相手の期待値を下回ることは、その期待値を元に考えていた相手の後工程を乱すことにもなりかねないのです。ですから、期待値を調整することは相手にとっても意味のある重要なことなのです。

ただし、これはどうしても101％を達成できない時だけの考え方です。常に期待値を調整しようとしていると、そのこと自体があなたへの期待値を下げてしまいます。

サプライズを継続できるとやがて伝説になる

期待値に101％で応え続ける力が完全に身についたら、次は200％のサプライズにも挑戦してください。

次々とサプライズを提供し、相手の期待値をどんどん高め、それに応えうる唯一の存在になっていくのです。その時は、社会的にも「超一流」と呼ばれているはずです。

以前、ホスピタリティの高さで有名なザ・リッツ・カールトン・ホテルのセミナーで質問をしたことがあります。ザ・リッツ・カールトンといえば、お客様に数々の伝説的なサプライズを与え続け、熱狂的なファンをつかんでいる超一流ホテルです。質問したのは以下のようなことでした。

「それほどまでにお客様にサプライズを与えていると、リッツに宿泊するお客様の期待値が回を追うごとに高まってしまい、どこかでそれに応えられなくなり、次第に満足度が下がったり落胆するお客様が増えるのではないですか」

それに対する女性マネジャーの返答は、さすが「超一流」と思わせるものでした。

「私たちは私たちのホテルに宿泊するお客様の期待値が上がっていくことを喜んでいます。なぜなら、スタッフ全員がその期待値を超えようとさらに工夫を重ね、そのことによって他のホテルとは次元の違うポジションにいけるからです」

これを聞いて、このホテルはどんなにお客様の期待値が高まっても、私たちはそれを超えてみせるという強い信念があるのだと思いました。

ここまで自分を高めることができたら、すでに「伝説」のいくつかを生み出していることでしょう。

頼まれごとは、試されごと

講演家の中村文昭さんは、人からものを頼まれたら0・2秒で返事をし、「これは試されている」と考えて相手の予想を上回るスピードと内容で依頼に応えることを師匠から習慣づけられたそうです。そして、雑用にこそチャンスがあると言っています。

中村さんはこれを「頼まれごとは、試されごと」という言葉で表現していますが、まさにこれは101％の法則を貫き、チャンススパイラルに乗るために常に心しておくべき言葉です。

誰が見てもチャンスだとわかるチャンスを狙っているだけでは、周りの人と違いがありません。**「頼まれごとは、試されごと」というスタンスで、目の前にある小さな頼まれごとに本気で応えていくことを心に決めれば、チャンスは至るところに落ちていると気づくはずです。**

ある社長とこの話をしていたら、素敵な話を教えてくれました。ある時、東京から名古屋に出張に行くことが決まって、女性社員に新幹線のチケットの手配をお願いすると、しばらくしてその社員がこう言って手配したチケットを渡してくれたそうです。

「明日は晴れて、きれいな富士山が見えると思うので窓側の席を用意しました」

新幹線のチケット手配という単純な依頼に、相手が喜ぶことを考えて行動した女性社員。社長はこの気遣いが非常に嬉しかったと笑顔で話していました。

もうそろそろ、チャンスは目の前にたくさんあるということに気づいてきたかと思います。あとはあなたなりの工夫を加え、期待値を超え続けていくだけです。

ある新人はこの話をすると大きな気づきを得たらしく、「明日からチャンスノートを作ります」と言っていました。チャンスだと思ったことを書きとめるチャンスノートを作ることで、日々の生活の中に存在するチャンスに敏感になるはずという発想からです。実際、チャンスノートをつけ始めてから、様々なことの見る目が大きく変わったそうです。

誰もがやりたがらない仕事や無理だと言われるような仕事も、見方を変えればチャンスに溢れた仕事です。やる人が少ないということだけで希少価値がありますし、難しい案件であれば失敗しても仕方がないと思われやすく、成功したら驚きを与えられます。

新人時代は見方を変えればチャンスだらけの時代です。その一つ一つのチャンスをモノにして、１０１％で応え続けることが大切なのです。

チャンスの神様には前髪しかない

ここまではチャンスをいかに見つけ、モノにするかについて話をしてきました。ここからは、チャンスが突然目の前に現れた時の話をしましょう。

例えば、エレベーターで普段はなかなか話せない社長と二人きりになった時、あなたならどうしますか。チャンスを確実につかむ人は、このわずかな時間を活かし、社長とのコネクションを作り上げてしまいます。これはエレベータートークといわれる技術です。

エレベータートークはベンチャーの世界でよく使われる表現ですが、もともとはスティーヴン・スピルバーグと一緒のエレベーターに乗った無名のプロデューサーが、自分が考えていた映画の構想をその短い時間に熱く語り、スピルバーグに気に入ってもらって映画化を実現したというエピソードに由来しているそうです。

このプロデューサーがどこまで意識して準備をしていたのかはわかりません。しかし、たった数十秒の短い時間に自分の存在と夢をスピルバーグに印象づけ、次につなげたのは事実です。

世の中にはやりたいことがあるという人はたくさんいます。しかし、そのための本当の準備ができている人はどれだけいるでしょうか。チャンスは突然現れてあっという間に通り過ぎていきます。

よくチャンスの神様には前髪しかないといわれますが、それはチャンスが通り過ぎてから髪をつかもうとしても後ろ髪はないからつかめないよという教えなのです。

1分間で印象づける自己紹介を身につけよ

エレベータートークでなくても、自己紹介のスキル向上は「伝説の新人」になるためには必要です。社会に出るといろいろな場面で自己紹介が求められます。営業で新規の会社を訪問した時なども、第一印象で自分を印象づけなければなりません。これからは英語で自己紹介をしなければならないシーンもどんどん増えていくでしょう。

大切なのは準備です。**しっかりと準備をして練習を積んでおくことで、チャンスを前にしても動じることなく伝えたいことを伝えられるようになります。**1分間というのは、原稿にすると約４００字分の長さです。一度原稿用紙に向かい、数字や具体的なエピソードを織り交ぜ、自分を最も印象づける内容を練り上げてみてください。英語の自己紹介も原稿にして練習しておくだけで、チャンスの広がり方は大きく変わってきます。

ポイントは自分をさらけ出し、相手の心を開き、自分を印象づける話で構成することです。自慢話ではどんなにすごくても相手の心を開くことはできません。

そして時間を見つけて自分の自己紹介をビデオに撮って見直してみるのが一番効果的です。初めは自分の表情の自信のなさや、「えー」や「あのー」が多いことや、自分の言っていることが理解できなかったりでガックリするかもしれません。

でも自己紹介を磨くことでチャンスが圧倒的につかみやすくなるのであれば、やらない手はありません。今日からでも実践してみてください。

本当にやりたいことは、自力でつかめ

日本のロック界で伝説を残している第一人者といえば、矢沢永吉さんですが、矢沢さんがいかにしてチャンスをつかみ、頂点へと駆け上がっていったのかを綴ったベストセラー『成りあがり』をまとめたのは、当時同じく20代だった糸井重里さんでした。

以前、糸井さんはトークショーでその時のきっかけを語ってくれました。話は宇崎竜童

さんが率いるダウン・タウン・ブギウギ・バンドを取材してレポートしたいと「ローリングストーン日本版」というロック雑誌の編集者に話を持ちかけたところから始まります。糸井さんから話を受けた編集者は「ありだけど、カネはないよ」とノーギャラでいいなら、と返答したそうです。

そこで糸井さんは自腹でダウン・タウン・ブギウギ・バンドがツアーを組んでいた沖縄まで行き、彼らが泊まっているホテルを調べ上げ、そこの鍵入れに「ぼくは『ローリングストーン日本版』の原稿を書くために来た者ですけども、会ってくれませんか」と手紙を入れて、食事もしないで自分の部屋で待っていたそうです。もちろん、何のあてもないし、アポもない状態です。まさに賭けに出た状態だったのでしょう。

しかし、しばらくするとリーダーの宇崎竜童さんが、コーラを片手にノックして入って来て、インタビューに成功。その後の沖縄ツアーにもついて回ることが許され、それを記事にすることができました。思い切った行動でチャンスをつかみ、モノにしたのです。しかし、話はそこで終わりません。

それを見た編集者が「あのレポートを書いた糸井くん、矢沢永吉の本を作りませんか」と話を持ちかけてきたそうです。糸井さんはすぐに「やります！」と即答し、矢沢永吉さんに密着して書かれた『成りあがり』が生まれたそうです。

糸井さんはその時のことを振り返り、こう語っていました。

「そのくらいの歳の時って、自分のために、借金してでも、ほんとにやりたいことに『やります』と言わないと、チャンスが逃げるんですよ」

『成りあがり』に書かれた矢沢永吉さんのヒストリーが、何年も読み継がれるほど刺激に満ちているのは、インタビューをまとめた糸井さん自身が同様にチャンスを自力でつかみに行くタイプで、二人が共感し合うことが多々あったからなのではないかと思います。

本当にやりたいことのためには、自力でチャンスをつかみに行く。その思いが強ければ、必ず突破口は見つかるのです。

第二章 〜伝説の新人は、チャンスのつかみ方が違う〜 まとめ

- チャンスはチャンスの顔をして現れない
- 最低でも期待値を超え、可能な限り感動を与えよ
- 101%の法則でチャンスを切り拓く
- 1回の200%より、101%の継続が重要
- 頼まれごとは、試されごと
- チャンスの神様には前髪しかない
- 1分間で印象づける自己紹介を身につけよ
- 本当にやりたいことは、自力でつかめ

第三章

伝説の新人は、当事者意識が違う。

まず考えよう

新人時代を、誰かの仕事をやらされている
と考えて過ごしていく人と、
あらゆる仕事で当事者意識を持ち、
主体的に解決策を模索し続けていく人では
いったいどれくらいの力の差が生まれるだろう。

どれだけ自分事として捉えられるか

社会に出ると、いろいろな場面で当事者意識の高さが問われますが、ではそもそも当事者意識とは何でしょうか。辞書を調べると「何らかの物事やプロジェクトなどに参加している当事者である、関係者である、という意識」とありますが、ビジネスの世界では関係者であるという意識があっても、問題意識が低かったりすると「当事者意識が足りない」などと表現されますので、「当事者意識」の意味はもう少し整理しなければなりません。

まず、世の中で起きているすべての問題を、自分を中心にした関係性で次の3つに分類してみます。

1. 自分だけの問題
2. 自分に関係のある問題
3. 自分に関係のない問題

例えば、あなたが虫歯になって歯が痛み始めたとしましょう。これは通常「自分だけの問題」です。何とかしなければ大変なことになってしまいますから、優先順位を高めて歯科医院に行く時間を作り出すことでしょう。当然、虫歯はあなたにとって自分事です。

では、あなたの上司が虫歯だったらどうでしょう。上司との関係にもよりますが、ほとんどの場合、それは「自分には関係のない問題」に位置づけられると思います。つまり、あなたにとって上司の虫歯は他人事なのです。

しかし、あなたと上司が一緒に進めてきた仕事の大切なプレゼンがいよいよ明日だという時に、上司の虫歯が悪化してこのままでは予定通りにプレゼンが進められそうにない状況になったらどうでしょう。こうなると「自分に関係のない問題」であった上司の虫歯は、「自分に関係のある問題」となり、あなた自身も何とかしなければと考え始めるはずです。そして、この突如起こった上司の虫歯という問題の当事者の一人となるのです。

つまり、人は対象の出来事や案件が自分に関係のある問題だと意識した時、当事者意識が芽生え始めるのです。こう考えると「当事者意識を持て」と言われるのは、「お前は他人事だと思って仕事をしているだろう」と言われていることなのだと気づくはずです。

75ページの図をご覧ください。世の中には様々な課題や問題が存在します。自分が解決しなければならない自分だけの問題だけでなく、家族が抱える問題、友人の問題、会社の

当事者意識をどこまで持てるか

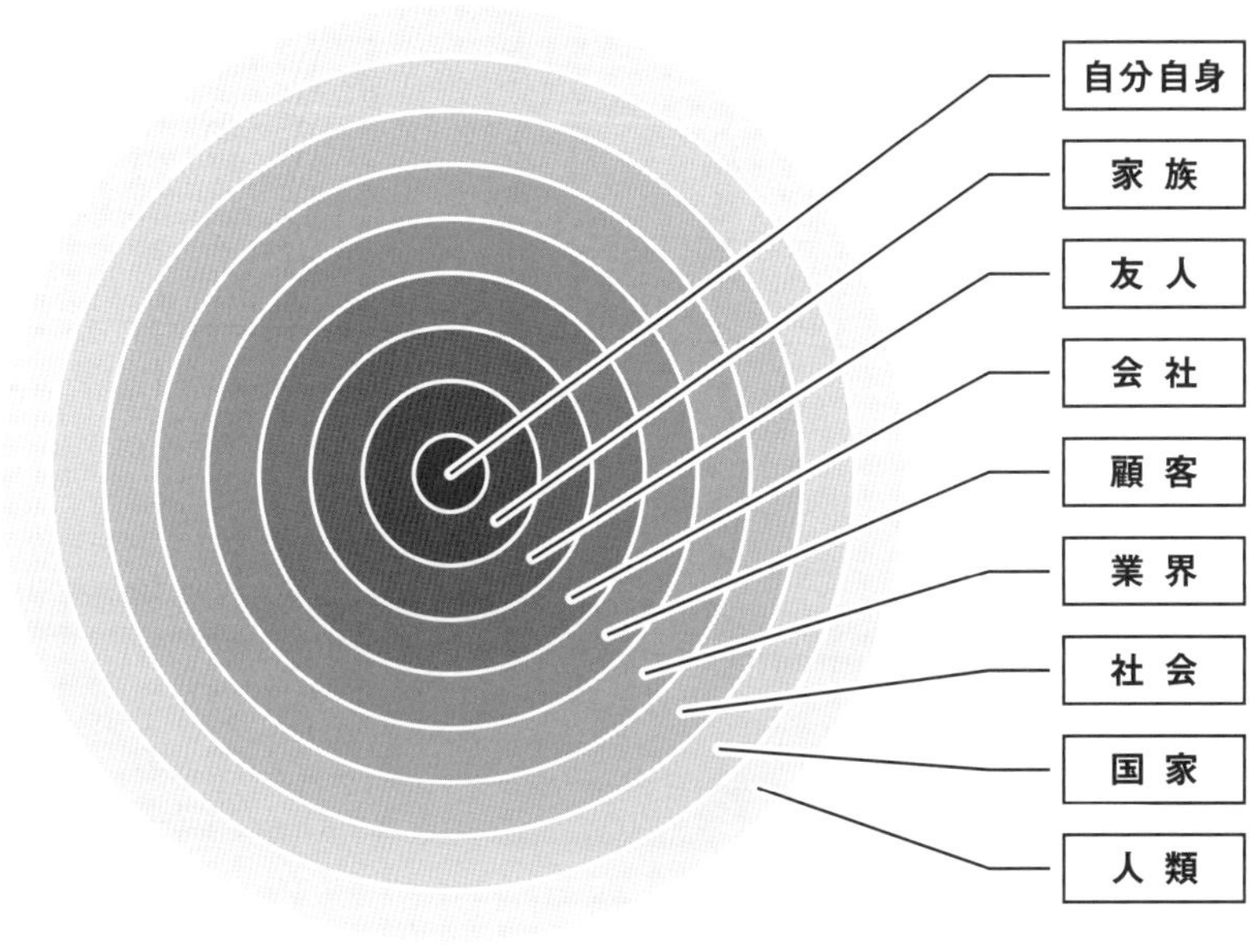

自分を中心にして、
自分が属するチーム・組織・コミュニティの問題を
どこまで自分事として考え、行動できるか

問題、顧客の問題、業界の問題、社会の問題、国家の問題、そして人類の問題……。

あなたはそんな一つ一つの問題をどれだけ自分事として意識し、行動することができるでしょうか。その意識の高さこそ、当事者意識の高さなのです。

１９６１年に第35代アメリカ合衆国大統領に就任した際のジョン・Ｆ・ケネディは、大統領就任演説でアメリカ国民にこう投げかけました。

Ask not what your country can do for you–ask what you can do for your country.

国があなたに何をしてくれるかではなく、あなたが国のために何ができるかを問うてほしい。

一人一人の国民に対し、アメリカ合衆国を構成する当事者としての問題意識を持ってともに国を変えていこうというメッセージを発信したのです。それまで国家は何かを与えてくれるものと考えていた人々は、自分たちこそが主役なのだと気づき熱狂したといいます。

ビジネスにおいても同じです。会社に言われたことをやればいいという気持ちでいる人は、いつまでも他責で、自分が会社を動かす一人の当事者という意識がないままでいます。当事者意識の低い人が集まった組織は、常に指示がなければ動かない組織となってしまいます。

一方、強い会社は自責の発想のできる人が多い会社です。ビジョンに向けて一人一人が当事者意識を持って自分は何ができるのかを考え、主体的に行動に移している会社です。

もしあなたが組織にいて、言われたことをやるだけとしか考えていないなら、上司や会社から見ると当事者意識の低い社員として見られているでしょう。

もちろん、「伝説の新人」を目指すのであれば、そんな状態からすぐに脱しないといけません。**企業で働く以上、一人一人がその企業の主役であり、世の中やお客様に対しては企業の代表なのだという意識で行動することが大切なのです。**

当事者意識が欠如していると、心のどこかで他人事を手伝っているという感覚になってしまうので、本気で解決策を考えることはできません。仕事帰りに仲間と飲みに行って、会社や上司が悪い……などと話をするのは簡単ですが、そこに成長はありません。

会社が悪いと思うならどうすればいいのか。上司が悪いと思うならどうすればよくなる

のか。それを考えることのできる人が当事者意識の高い人であり、リーダーとなっていく人材なのです。

責任者の問題意識を超えろ

このように考えていくと当事者意識とは次のような定義になります。

「自分の属するチーム・組織・コミュニティの問題や、自分に関係する顧客や業界の問題を自らの問題として捉え、主体的・自律的に知恵を出し、問題発見や問題解決に向けて本気で行動しようとする意識」。ただし、注意しなければならないのは、本気であるかどうかは本人がそう思っているかどうかで測られるものではないということです。

問題が発生し、「やる気があるのか」と叱責されて「やる気はありません」と答える人はいません。しかし、実はここでは、やる気があるかないかではなく、どれくらい本気なのかが問われているわけです。叱責する人は自分が想定しているやる気の表れとなる行動が見えてこないからこのように発言するのです。

「当事者意識をしっかり持て」と言われるのもこれと同じです。言われた側が当事者意識を持っているつもりでも、当事者意識が欠如していると思われてしまっている事実を謙虚に受け止めなければなりません。

80ページの図をご覧ください。組織でチームを組んで動く時、そこには、その案件の責任者がいるはずです。その責任者には、その案件を成功に導きたい、あるいは導かねばならないという欲求があり、同時に失敗したくない、絶対失敗できないという緊張感もあります。

では、責任者と同じレベルの当事者意識を持ち、行動しているBさんはどうでしょう。これは責任者の無意識の期待値に応えている状態ですから、責任者がストレスを感じることはありません。しかし、「伝説の新人」を目指すのであればこれでは足りません。

「伝説の新人」となるためには、責任者の問題意識を100％共有し、その上で責任者でさえ考えられなかったことを考え、行動に移す当事者意識の高さが重要なのです。

責任者の問題意識を超えよ

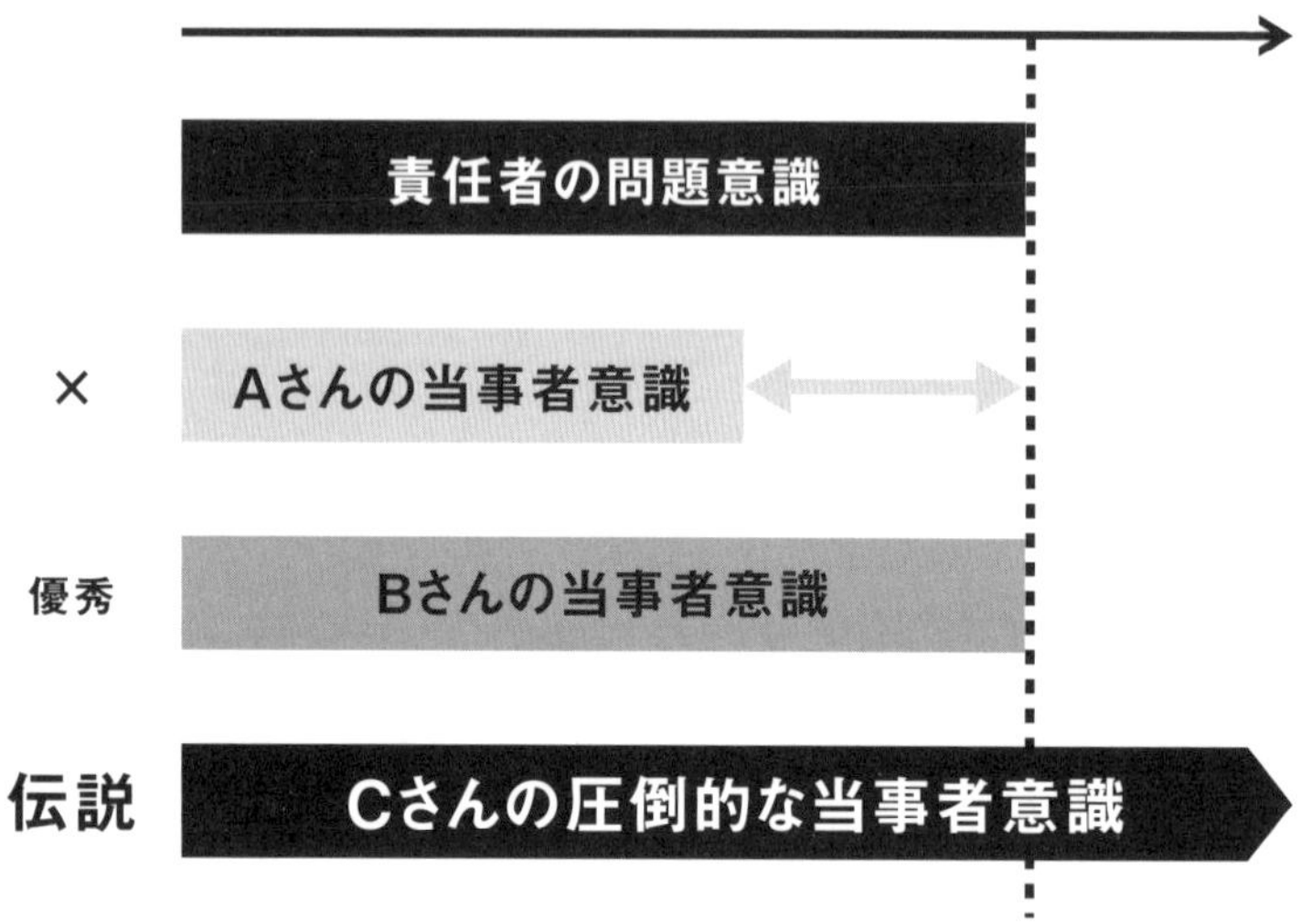

責任者の問題意識を100％共有し、
それ以上の考え・行動を行う人間が伝説となる

言われたことをやるだけでは、決して突き抜けられない

例えば、あなたの課の3か月間の売り上げ目標が3億円で、10人のメンバー一人一人に3000万円の目標が与えられていたとします。あなたは期末前に3500万円も売り、早々と目標達成しましたが、最終日まであと10日に迫ったというのに、まだ目標に遠く及ばない人が4人もいて、課の目標達成ができないかもしれません。こんな時、あなたは何を考えるでしょうか。あなた自身は目標を上回っていますから、個人評価が悪くなることはないかもしれません。残された時間で次の3か月のための仕込みをすることも必要でしょう。

でも、課長の問題意識はそこにはありません。残り10日でどうしたら課の目標である3億円が達成できるかということを追い続けているのです。

もしあなたが課の目標を自分事として捉え、課長と同じ意識でいたとしたら、まだ目標達成できていない同僚のサポートに入ったり、自分のクライアントから不足分を補うだけの売り上げをあげる策を考え始めたり、有効なノウハウを共有し始めたりするはずです。

これが課長から見た時の当事者意識の高いメンバーの状態です。これが定着すると、課

長はあなたをチームのリーダーに引き上げたり、困った時に相談を持ちかけてきたりするようになります。そして、次第にあなたに任せる責任範囲も大きくなっていくのです。責任者の問題意識に気づけばよくわかるはずです。

任せてもらえないのは上司のせいではない

よく「もっと任せてほしいのに、上司がチャンスをくれない」と言う人がいますが、これも上司の立場がわかると、仕事を任せられるかどうかの基準はすぐにわかります。

確かに任せるのが不得意な上司もいるでしょう。**しかし、あなたに任せることで自分が動くよりもいい成果を生み出すことができ、それがチームの評価となって自分の評価につながると確信できるのであれば、あなたに任せない上司はいません。**

あなたがもし任される仕事が少ないと思うのならば、まずは自分の当事者意識のレベルを見直し、上司以上の責任感を持って案件に臨む習慣を身につけなければなりません。

ありがちなのは、上司に頼まれた案件について、上司を手伝っているという感覚で仕事をしてしまうパターンです。頼まれごとは、試されごとです。**頼まれた瞬間にお手伝いという意識は捨て、プロとして上司と同じ視界に立ち、何を成し遂げなければならないのか**

を責任を持って考え、行動することが求められているのです。言われたことをやればいいという発想ではなく、当事者意識を高く持ち、101%の法則を達成し続けることで任されることも次第に増えていきます。

工夫もアイデアも当事者意識がなければ生まれない

このように当事者意識が高く、自分にすべての責任があるという自責の発想で行動することが習慣になると、圧倒的な問題解決能力が身につくようになります。

なぜなら、目の前に起こるすべての出来事を常に真剣に自分事として考えるようになることで、どんな問題も何とかしなければならないという意識になり、それによって情報感度が高まり、工夫やアイデアが浮かびやすくなってくるからです。

二人の新人を比べますので少しイメージしてください。

新人のAさん

・自分に与えられた目標に対するこだわりが強く、同期の中でも常に上位の成績を残しています。しかし、所属する課や部の目標にはそれほど関心がありません。

・先輩の異動が決まった時は、仲間が企画した送別会で花を用意する係になりました。
・ある時、同僚がお客様からクレームを受けて困っていましたが、課長が対応して収まったようなので詳しくは聞きませんでした。
・ずっと取引のあるお客様を訪問すると、業界に異業種からの競合が参入してきて大変だと話してくれたので、これから取引が少なくなるかもしれないと感じました。
・家に帰ってテレビをつけるとニュースで税金が高くなるという話をキャスターがしていたので、「これじゃ目標達成してインセンティブをもらっても帳消しじゃないか、勘弁してくれよ」と思いました。

新人のBさん

・自分に与えられた目標へのこだわりは強く、同期の中で常に上位の成績を残しています。でもそれだけでなく、自分の所属する課や部の目標にも強い関心があります。
・目標達成に向けて課や部の数字が足りず緊急の対策会議が行われる時は、新人代表として入れてほしいと手を挙げました。
・お世話になった先輩の異動が決まった時は、これまでの感謝の気持ちを伝えなくてはと自ら送別会を企画し、多くの仲間に呼びかけてサプライズパーティを実施しました。

・ある時、同僚がお客様からクレームを受けて困っているのを見てその原因を聞いたところ、自分もお客様に対してまったく同じように商品の説明をしていることに気づき、改善策を考え、チームで共有しました。
・ずっと取引のあるお客様が業界に異業種からの競合が参入してきて大変だという話をしてくれたので、会社に戻って業界各社の強みと弱み、新規参入企業の強みと弱みを分析し、提案書にまとめてお客様に提示しました。
・家に帰ってテレビをつけるとニュースで税金が高くなるとキャスターが言っていたので、「税金が高くなる前に動かないといけないことは何か、税金が高くなったら具体的に仕事と生活で何が変わるんだろう」と考えました。

Aさんも B さんも、同じ境遇で同じ場にいて同じ情報を受け取っていますが、当事者意識の違いによって、思考も行動もこれほどまでに差が出てしまうのです。しかし、実情は Aさんタイプの人が圧倒的に多いのではないでしょうか。

注意しなければならないのは、Aさんであったとしても、個人の目標は達成し続けていますから、すぐに周囲の評価が悪くなることはないということです。ここが落とし穴です。

数字上の評価はいいのですから、この働き方に問題を感じることがないのです。

高い当事者意識が圧倒的な問題解決能力を生む

Bさんは、目の前に起こる様々な出来事や情報を自分事として捉え、どうしたら解決できるか、どうしたら相手は喜んでくれるかを考える習慣が身についています。このような習慣が身につくと、毎日の生活の中で解決策を考えることがいくつも出てきます。

送別会で感動してもらうにはどんな企画がいいだろう？　そのためには誰にどんな頼み方をしてチームに入ってもらえばいいだろう？　予算はいくらにしてどう使えばいいだろう？　大勢のメンバーに集まってもらうためにはどんなレターにしたらいいだろう？　会場の音楽はどうしよう？　司会として最初に先輩たちの気持ちをつかむのはどんな話がいいだろう？　最後の挨拶は部長にお願いしたいけれど、どんな風にお願いすればいいだろう……。

送別会一つをとっても、当事者意識を持った瞬間にやるべきこと、やりたいことが増えることがわかるでしょう。もちろん最初からすべてがうまくいくことなどありません。**でも、当事者として動くだけで毎回これだけ頭を使い経験を積んでいくわけですから、毎回**

言われた通りに動くだけの人とは、企画力・問題解決能力に圧倒的な差ができるのは当たり前のことなのです。

こうした違いがお客様の話を聞いた後の行動でも、ニュースを聞いた後の思考でも同じように生まれ蓄積されていくわけですから、当事者意識の重要性はいくら訴えても訴えすぎるということはないはずです。

世の中には30代、40代になって初めて問題解決能力の重要性に気づき、考え方のフレームを学ぶために慌てて問題解決能力を養成する専門講座に通ったり、関連書籍で勉強を始める人がいますが、講座に通ったり本を読むだけで高い問題解決能力が身につくのなら、そんな楽なことはありません。

もしそれで誰もが問題解決能力を身につけられるのなら、日本中のビジネスパーソンは全員そうするべきです。

もちろん実際はそんなに甘くはありません。**日々の生活の中で、身の回りに起こる様々な出来事や目に入ってくる情報に対し、当事者意識を持って思考し行動する。そんな生活を365日繰り返し、それを1年、3年、5年と継続していく中で完全に自分の習慣になり、ようやくどんな問題でも最適解を導けるような能力が身につき始めるのです。**

あなたがもし「伝説の新人」を目指しながらも、Aさんに当てはまる可能性があるのなら、明日から目の前のすべての出来事や情報の捉え方を大きく変える必要があります。**新人時代に当事者意識を高く持つ習慣を身につけないと、30代になって愕然とする違いを見せつけられるようになってしまいます。**

当事者意識を持ち続け、あらゆることに対して本気で考え行動し続けてきたBさんが、その蓄積した経験と問題解決能力を30代になって次から次へと発揮し始めるからです。

その時になって問題解決能力の重要性に気づいても、何万時間も違うスタンスで生活してきたのですから、はっきり言って手遅れです。

私が在籍していたころのリクルートでは、部下が上司に何かを相談に行くと、決まって上司から「で、お前はどうしたいんだ？」と問われる文化がありました。新人時代から事あるごとにこの問いかけを繰り返され、やがて新人たちは自分で考えて動かないといけないのだと理解するようになるのです。

上司が指示すれば効率は上がるはずですから、こんな投げかけを行い、一人一人に考えさせるのは非効率ともいえるでしょう。しかし、長期的な視点で考えると、この文化が社員の当事者意識の高さや問題解決能力を引き出していたのは間違いないと思います。

自分の当事者意識を自分で測る方法

これまでお伝えしてきたように当事者意識の高さは、突き抜けるためには絶対に必要です。しかし、当事者意識の有無が常に相手から判断されるものである以上、自分の当事者意識が十分かどうかは自分ではなかなかわかりづらいものです。

そこで、ここでは一般的に上司や責任者が当事者意識の有無を判断しやすい場面を紹介します。自分の姿を当てはめて自分はどう思われているかを考えてみてください。

1．約束の時間を守っているか

約束の時間を守るかどうかは当事者意識の有無が最も表れやすい場面です。すべての仕事には時間軸があり、いつまでに何をやるかという約束があります。また、チームで動いたりお客様と動く仕事には、会議の開始時間という約束があります。**人が一生のうちに最も多く交わしている約束は「時間を守る」という約束だともいわれています。**

ありがちなのは自分の案件の時間は守っていても、自分がメインでないと考えた会議には平気で遅れてやってくるパターンではないでしょうか。言い訳は「やらなければならない仕事があったもので」という自分の仕事を優先したものだったり、「電車が止まりまして」という不可抗力によるものが定番です。

しかし、あなたがその会議のメインスピーカーで、大勢の人があなたの話を聞くために集まっている場合でも、同じように遅れるでしょうか。絶対に遅れないはずです。当事者意識が高ければ、事前に前後のスケジュールを十分に調整し、万が一の交通の障害も計算に入れて行動するからです。

『7つの習慣』を著したスティーブン・R・コヴィー博士は、翌日の講演場所へ移動するための飛行機のチケットを、万が一の事態も想定して時間をずらして2枚用意することがあるそうです。プロとしての当事者意識がそうした行動につながっているのです。

時間に平気で遅れるということは、責任者からすると「私は主役ではありませんから進めておいてください」と言われているのと同じことなのです。

2. 会議でどこに座っているか

当事者意識の高い人は、ミーティングで隅に座ったりはしません。大人数で何列にもなる時は、必ず前に座ります。**役職順などの暗黙のルールがあったとしても、できる限り主**

体的に参加できるポジションを自ら獲得しようと考えます。
さらにいえば、大人数で会議を行う際、意識の高い新人は一足早くその場に来て、一番議論に加わりやすい席を取っています。

3. 準備をしっかりしているか

例えば新規顧客先への営業同行を上司に依頼する時。当事者意識の低い人はアポイントを取ったことと、上司の同行を取りつけたことで満足し、それ以上の準備が進みません。お客様のオフィスでも末席に座り、上司を紹介するとあとは上司に任せようとします。上司から見て準備不足は明らかです。

当事者意識の高い人は自分でプレゼンのシーンを十分イメージし、必要な準備を抜かりなく進めていきます。上司に事前に顧客情報を十分にインプットし、その日の展開イメージを上司と擦り合わせます。もちろん先方のオフィスでは自分が中心に座り、その横に上司に座ってもらい、まずは自分で提案を始めます。

4. 意見をぶつけているか

当事者意識の高い人は、当該案件に関して責任者と意見が食い違った場合、納得できる

まで意見をぶつけ合い最高の解決策を模索し続けます。考え方が同じ場合でも、自分がなぜ賛成するのかをきちんと表明し、チームに主体的に参加します。

当事者意識が低く、お手伝い感覚でチームに加わっている人は、責任者の決断で納得がいかないことがあっても、意見を発することなく従い、成功しても自分の仕事ではないし、失敗しても責任者のせいだからと考えます。

5．知っているべき数字や言葉を言えるか

会話の中で当事者意識の有無が露見することが多いのは、当然知っていてしかるべきことを知らないのが明らかになる時です。例えば、自分の目標数字は言えても、課や部の目標数字をはっきり言えないのでは、自分のことしか考えていないのが明らかです。

また、お客様との会話の中で、その業界が抱えている問題で常に話題になっているようなキーワードを知らなかったりすると、業界のことを学ぼうとしていないのがすぐにお客様に伝わってしまいます。

逆にそうした数字やキーワードを常に頭の中に入れて会話ができると、自分と同じ視界で話ができる人として信頼を獲得できます。

ここでは他者から見て当事者意識の有無を判断されやすい代表的なシーンを5つ挙げましたが、これ以外にもあらゆる場面でその判断は行われています。

重要なのは、自分事として捉え、うまくいかなかったら自分で責任を取らねばならないという覚悟で仕事に臨むことです。それだけの覚悟をすることで、初めて責任者の視界と同レベルに行くことができるのです。

そして当事者意識を高めることで、すべての仕事はやらされ仕事ではなくなり、自分が主体者として動くやりがいや醍醐味を感じることができるようになるのです。仕事を楽しむ秘訣はここにあります。

第三章 ～伝説の新人は、当事者意識が違う～ まとめ

- どれだけ自分事として捉えられるか
- 責任者の問題意識を超えろ
- 言われたことをやるだけでは、決して突き抜けられない
- 任せてもらえないのを人のせいにするな
- 工夫もアイデアも当事者意識がなければ生まれない
- 高い当事者意識が圧倒的な問題解決能力を生む
- 自分の行動で自分の当事者意識を測れ

第四章

伝説の新人は、目標設定力が違う。

まず考えよう

与えられた目標を追い続ける人生と、
本気にならなければ達成できないけれど
自分で設定したワクワクするような目標を
追い続ける人生では、
どちらがあなたらしい人生だろうか。

とてつもない将来像をイメージせよ

私たちが伝説的な人物へのインタビューで普通の社会人と決定的な違いを感じることは、その一人一人が社会人としてスタートした時点から、すでに周りに比べて一回りも二回りも大きな目標を掲げているということです。周囲が「早く仕事に慣れて一人前になりたい」という目標とは言い難い目標を口にする中で、ただ一人見ている世界が違うのです。

「同期の中で圧倒的な一番になり、新人MVPを獲得する」

これくらいの目標設定は序の口です。

「1年目に同期のトップに立ち、2年目には3つ上の代のトップに勝つ」

この人は3年上の一番優秀な先輩を基準にそれを2年目で追い抜くことを自分に課しているのですから、周りと成長スピードが違って当たり前です。

会社内での自分の位置づけを目標にする人でさらに目標の高い人は、

「過去、新人時代にトップに立ったすべての人の成績を調べ、その中のトップを基準にその200%の結果を出すことを自分に課した」

という人もいます。そもそも会社内でのポジションに基準を置いていない人もいます。

「初めから目標にしていたのは、会社での一番ではなく、この業界で一番になること。業界で自分を知らない人はいない状態になる。会社で一番なんて会社の数だけいるんだから」

ここまで決意してスタートすれば、違いが出て当然です。もちろんトップになることだけが「伝説の新人」になるための目標ではありません。ナンバーワンよりオンリーワンという言葉もあるように、一人一人がそれぞれ自由な発想で目標を設定すればいいのです。

ワクワクするような目標を設定せよ

一般的に目標設定についてまとめられたものには、達成の見込みがある目標を立てる重要性が語られていますが、**あなたが本気で「伝説の新人」を目指すのであれば、目標設定で重要なのは、達成の見込みなどではなく、その目標自体がワクワクするようなものであることです。**

それを達成した時に自分はどうなるのか。周囲の人や世の中はそれをどう評価するのか。目標達成した時のことをイメージして、心からワクワクするようならば合格です。逆に、目標は設定したけれど、それを達成した時のことをイメージしてもワクワクしないというのなら、それは目標として小さすぎるのではないでしょうか。

そもそも、誰もが達成できそうな目標では「伝説」になることはできません。

リクルート時代の同期で営業として大活躍し、プルデンシャル生命に転職後トップセールスとして数々の伝説を残し続け、『プロフェッショナルセールスマン』という書籍にその偉業をまとめられた故・甲州賢さんは、その目標設定自体が伝説として語られている一人です。

彼はなんとセールスマンとしてイチローの年俸を超えることを目標にして、どうしたらそれが実現できるかを本気で考え続けていたのです。

目標は絶対に達成しなければなりませんが、達成するために目標設定するのではないのです。自分の中の眠っている力をすべて引き出すために目標設定するのです。ですから、既存の能力でできる小さな目標を掲げて達成し続けても本末転倒なのです。この大前提が理解できていないと、人は現時点の能力でできそうなことだけを目標にしてしまいます。

実際のところ、多くの会社で設定される目標は、そのような発想で設定されています。組織を構成するメンバーの現時点の能力を計算し、それを基準に10〜20％の幅で上乗せした目標を設定し、メンバーはそこに何の疑問も持たずにその目標を追いかける。その集合として企業も10～20％の成長を果たしていくという考え方です。

大きな組織であればあるほど、それは当然のことです。社員の能力が毎年２００％の勢いで伸びるという前提で経営戦略を立てることなどできないからです。

だからといって、そこで働く社員が皆、**与えられた目標レベルで自分の可能性を押し殺すことはないのです。**まして、「伝説の新人」を目指すというのに、平均的社員の能力を基準に上乗せされた目標を追いかけていたのでは話になりません。

与えられた目標は、２００％の達成を最低基準にせよ

では、どのレベルで目標設定すればいいのでしょうか。その答えが２００％です。理由は極めてシンプルで、伝説的な仕事をやり続けてきた方々の多くがそう答えるからです。

目標に対して１２０％や１５０％の成績を残すことは誰にでもあります。その時の環境や運にも左右されます。**しかし、２００％を達成し続けるとなると、本物の力を身につけなければなりません。**２００％を達成したら、次はその実績を基準に目標が設定されます。そうしたらそれも２００％で応えていけばいいのです。

ここで多くの人は計算が働いて、そこまでやると次に設定される目標が達成できないなど考えてしまうのですが、ここでは「伝説の新人」を目指すという前提で話を続けます。

自分で掲げた２００％の目標が仮に達成できず、１７０％で終わったとしましょう。もちろん、目標は達成しなければならないのですが、１７０％で終えられたのは２００％を目標にすべての力を出し切っていたからなのです。

自分の本気を引き出さずに与えられた目標を達成して満足することと、２００％の目標設定で、結果的に30％目標に至らないこともあるけれど、常に自分の新たな能力を引き出し続けるのでは、どちらが自分の財産になると思いますか。答えは明白です。

イチロー選手が小学校6年の時に、プロ野球選手になるという夢とそのためにどれだけ練習しているかを卒業文集に記したことは有名ですが、**高校3年生の最後の夏の県大会で打率10割というとてつもない目標を掲げていたのはご存じでしょうか。**

プロ野球選手になるという明確な目標があったイチロー選手にとって、3年生の最後の夏の大会は、プロのスカウトに注目されるための最後のチャンスでした。それまで甲子園に2度出場しましたが、どちらも1回戦で敗退し十分なアピールができていなかったイチロー選手にとって、その夏の大会は特別な意味があったのでしょう。

そして打率10割を目標に掲げたイチロー選手は、驚くべき記録を残してしまったのです。愛知県大会準決勝までの7試合で25打数18安打。打率7割2分。まさに驚異的な打率でした。打率10割という目標は、イチロー選手にとって、自分の意識をすべてそこにフォーカスし、どんな厳しい練習にも耐え、潜在的な能力を引き出すためのものだったのではないでしょうか。

ビジネスの世界でも頂点を目指すのであれば同じです。**他人が見てあきれるような目標を設定し、それを達成するためにあらゆる力を引き出し自分のものにしていく。**これが当たり前になったなら、間違いなく「伝説の新人」へと歩み始めたといえるでしょう。

今のやり方では絶対に達成不可能だという目標に対し、何が何でも達成するという気持ちになった時、初めてそれまでの常識にとらわれない異次元の解決法が生まれてくるのです。そしてそれが達成された時、そこに伝説が生まれるのです。

BIG WHYがどんなに高い目標も実現させる

では、とてつもない目標を次々と達成していく人はどのような思考習慣・行動習慣を持っているのでしょうか。そこにもいくつかの共通点があります。

絶対にやる！　という強い動機＝ＢＩＧ　ＷＨＹを持っていること

ＢＩＧ　ＷＨＹを理解するためにわかりやすい例を挙げてみます。

あなたの目の前に長さ10ｍ、幅15㎝、高さ50㎝の平均台があるとします。これを端から端まで落ちずに歩いたらご褒美として10万円をもらうことができるとします。これにチャレンジしますかと聞くと、ほとんどの人がやると言うでしょう。仮に平均台から落ちても怪我をすることはないとイメージするからです。

では、この平均台のバーが20階建てのビルの屋上から、隣のビルの屋上に橋渡しされた状態だったらどうしますか。高さは50ｍ、ビルとビルの間は10ｍあります。

この質問をすると、当然ほとんどの方はやらないという判断をします。10万円と命を引き換えるわけにはいかないからです。そこで、ご褒美の額を１００万円に吊り上げます。しかしやはり判断は変わらないでしょう。お金と命は引き換えにできないということです。

それでは、次のように状況が変わったらどうでしょうか。

あなたの最も大切な人をイメージしてください。その人が凶悪犯に人質に取られ、ナイフを首に当てられた状態で隣のビルの屋上にいます。まったく抵抗できない状況です。犯人は20階建ての隣のビルの屋上にいるあなたに、今すぐこれを渡ってこなければ人質を殺すと叫んでいます。

映画のシーンのようですが、自分事として考えてみてください。本当に大切な人を救うためであるならば、意を決してその橋を渡るという人が出てくるのではないでしょうか。

これがＢＩＧ ＷＨＹの力です。**人は絶対にやらねばならない状況になると、普段はできない決断を行い、眠らせていた能力をすべて引き出して目標を達成しようとするのです。**

トップになりたいと思うだけの人は、実現できなくても「やっぱり駄目だったか」で済む人ですが、トップにならなければならないＢＩＧ ＷＨＹを明確に持っている人はトップを逃したらとことん悔しがり、次に絶対トップを奪うための戦略を考える人です。トップでなければならない明確な理由が自分の中にあるからです。

目標を宣言・公言し、自分を追い込め

目標に対する動機づけをさらに強化する手段として有効なのが、**自分で決めた目標を仲**

間に広く宣言・公言することです。これは、何が何でもやり切らねばならないと自分を追い込み、意識をその目標にフォーカスするために絶大な力を発揮します。

自分はこれをやり切るということを宣言し、堂々と公言することは、多くの人と約束を交わすことと同じです。目標が達成されなかったら、ホラ吹き呼ばわりされたり、言ったことをやらない人と認識され信頼を損ねてしまいますから、必死にやるしかない状態になります。そして実際に突き抜けた実績を残している多くの人がこの力を利用しています。

1961年5月25日、ケネディ大統領は、10年以内に人類を月に着陸させ、安全に地球に帰還させるというアポロ計画を打ち立て、宣言しました。その背景には旧ソビエト連邦との宇宙開発競争に絶対に負けられないというBIG WHYがありました。しかし、少しイメージしてください。1961年当時、何の科学的根拠があってこの宣言がなされたのでしょうか。コンピュータ技術もまったく発達していない時代なのです。

しかし、この夢は1969年7月20日、見事に達成されました。その成功の要因は一つでは語れないでしょうが、最も大きな要因として、全国民に対してアポロ計画を宣言したことと、10年以内に達成すると期限を区切ったことがあります。

旧ソ連を含む全世界へ宣言したのですから、米国の技術者たちは何が何でも10年以内に成功を収めるという動機づけがなされ、失敗はありえないという逃げ場のないところでプロジェクトを推進していったのです。

まさに目標を宣言し自らを追い込むことで、それまで不可能だったことも可能にしてしまう力を引き出したといえるでしょう。

しかし、宣言、公言することの効果はそれだけではありません。

アポロ計画がそうであったように、**宣言、公言するとその目標の達成のために力を貸してくれる人が増えてくるのです。** 応援してくれる人の力は掲げる目標がとてつもなく大きく難易度が高いものであればあるほど、そして、広く公言すればするほど、大きな力となります。

掲げた目標がとてつもないものであり、そのやり方すら十分なイメージができないものであったりすると、そこに応援してくれる人が現れ始めます。「こんな本があるよ」とか「あの人を紹介するよ」という形で新たな知識や出会いが急速に集まってくるのです。

メディア王と呼ばれたCNN創業者のテッド・ターナーは、**「やり方がわかる目標は目標として小さすぎる」と語っています。** やり方がわかる目標というのは、すでに誰かが達成した目標です。もちろん、それでもなかなか辿り着けない目標もありますが、やはり伝説を残すような人は、目標設定の時点ですでに次元が違うのです。

既存の方法でできることからは、イノベーションは生まれません。やり方をゼロから考え直さなければ始まらないような目標を掲げた時、人は初めて常識に囚われずに自由な発想をし始めるのです。

目標から逆算し、今、何をするべきかを考えよ

大きな目標を掲げ宣言した次にすべきことは、目標達成期日を決め、そこから目標を細分化し逆算して、いつまでに何をしなければいけないのかを明確にしていくことです。そのためには、まず掲げた目標をできる限り具体的な目標に落とし込まなければなりません。

「トップ営業マンになる」ことが目標だとしたら、「予定通りにいかなかったとしても絶対にトップになれる具体的な数字」を導き出し、その数字を目標にするのです。

次にその目標に至るまでの全体の道筋を十分にイメージします。

例えば、年度末までの売り上げで4億円がこれまでのトップの最高額だとしたら、5億円の売り上げを達成すれば必ずトップになれると導き出し、12月までにいくら売っていなければいけないか、10月まではいくらか、8月までにはいくらか、と逆算して目標を細分

化していくのです。8月までに2億円は売っていないといけないとなったとしたら、それまでにいくらの提案を何件のお客様にしなければならないかを逆算します。

　こうして逆算していくと、大きな目標を掲げれば掲げるほど、今の状態では達成が不可能だということが明らかになることが多いでしょう。しかし、そこで諦めてはいけません。**今のままだと達成不可能だというレベルの目標を設定していることは、「伝説の新人」にふさわしい目標設定ができていることにほかなりません。**

　次にすべきことは目標を達成するために必要な因子を明確にし、日々の生活に変革を起こしていくことです。訪問件数・提案の質・プレゼン方法・見込み客のフォロー策・情報収集方法など変えなければならない項目を明確にし、それぞれを具体的に数字に落とし込んで一つ一つの項目を達成するための方策を考えねばなりません。

　目標を達成するためには、一日6件のお客様を訪問しなければいけないけれど、現状のやり方では一日4件が限界だというのであれば、あと2件何としても増やすための方策を考えねばなりません。そこに初めて工夫が生まれるのです。

　例えば、なんとなくお客様との面談時間を1時間で考えていたものを、30分で切り上げると発想を変えれば、それまで不可能だったことが可能になります。契約までの訪問が平均3回かかっていたものを2回で契約できる方法を生み出せば、件数を増やすことはできます。

大きな目標を達成するには、このように逆算して落とし込んだ日々の小さな目標を積み上げていくしかないのです。これは新人時代に限ったことではありません。人生の夢を掲げたら、それを達成する日付を設定し、そこから逆算して40歳までに何を成し遂げているか、30歳まではどうかと逆算し、20代の今をどう生きるかを考えねばなりません。

もちろんすべてが思い通りいくわけではありません。しかし、逆算の発想を身につけることで今を大切に生きる習慣が身につけば、方向修正をしても十分に夢の実現は可能です。20代をいかに生きるかはそれ以降の人生を大きく左右します。今という瞬間は、今しかないことを肝に銘じ、今を最大限に充実させることで大きな夢も実現していくのです。

目標は紙に書き出すだけで、達成率が大きく変わる

1979年、ハーバード大学で興味深い調査が行われました。ある教授が学生たちに自分の目標を持っているかどうかを質問したのです。結果は次の通りでした。

84％の学生は、目標を持っていない。

13％の学生は、目標を持っていたが紙には書いていない。

3％の学生は目標を持って、それを紙に書いている。

目標を持っている学生は、たったの16％しかおらず、目標を紙に書いている学生となると、たったの3％だけという結果でした。

しかし、この調査はこれですべてではありません。ここがスタートだったのです。それから10年の月日が流れ、卒業生たちは様々な職業に就いています。

その教授は、10年前の調査に参加した元学生たちに再びアポイントを取りつけ、調査をしたのです。すると、次のような驚くべき結果を得ることになったのです。

全員の年収を調べていくと、当時、目標を持っていたが紙に書いていなかった13％の人の平均年収は、目標を持っていなかった84％の人たちの約2倍だったのです。

これだけでも目標を持つことの力の大きさがわかると思います。しかし、この調査が語り継がれているのはそれが理由ではありません。**さらに驚くことに、目標を紙に書いていた3％の平均年収は、残り97％の人たちのなんと10倍だったのです。**

この調査結果に対する解釈の仕方はいろいろあるでしょう。紙に書きさえすればいいのか、という問題ではないとも思います。しかし、伝説的な実績を残している方々に話を聞いていくと、目標を紙に書き出し常に持ち歩いていたり、机の前や寝る部屋の壁に貼り出ししているという人が多いのは事実なのです。

まず、目標を紙に書くという作業には、頭に描いていることを具体的に言語化するという工程が必ず必要になります。実際やってみるとわかりますが、十分に考えられていないことは言語化することはできません。

つまり、紙に書けるということは、目標が具体的になっているという証なのです。

次に考えられる効果は、毎日目にすることで目標に向けた行動を習慣づけやすいということがあります。ポイントは、毎日目にするということです。

人間は物事を忘れやすいですから、目標を考えた時の気持ちも忘れてしまいがちです。毎日目にすることで、それを思い起こさせてくれるわけです。

また目標を実現するために必要な情報に敏感に反応するようになるという効果もありま

す。人間には「カラーバス効果」といって、意識している情報が自然に目に飛び込んでくるという能力が備わっています。今日のラッキーカラーは赤と言われると、街中で赤いものが目についたりする経験は誰もが持っているでしょう。ゴルフを始めた人が街中にゴルフ関連の情報が溢れていることに初めて気づいたり、子供ができると子供に関する情報がどんどん目に入ってきたりします。

これは人間が目で情報を処理しているのではなく、目に入った情報を脳が処理しているからなのです。つまり、脳に自分が求めている情報を強くインプットすればするほど潜在意識が働いて必要な情報が入ってくるようになるのです。

紙に書くことで毎日目にするようになり、潜在意識にその目標はどんどん刷り込まれていき、情報感度が圧倒的に高まるのです。

孫正義さんが19歳で米国に留学していた時に人生50年計画を立て、「20代で名乗りを上げ、30代で軍資金を最低でも1000億円貯め、40代でひと勝負し、50代で事業を完成させ、60代で事業を後継者に引き継ぐ」という人生の目標を覚え書きにした話は有名です。孫さんの生き方を見るだけでも、目標を書き出すことの威力はわかるでしょう。

日々やるべきことに全力でフォーカスせよ

大きな夢を設定し、その動機づけを明確にし、逆算して目標を紙に書き出したら、あとは意識をそこにフォーカスし行動するのみです。時間は着実に一秒一秒流れています。惰性で仕事をするほど、私たちには時間は残されていないのです。

イチロー選手は、２５８本のヒットを打ってメジャーリーグの年間最多安打の記録を塗り替えた際に聞かれた「次の目標は何ですか」という問いに対し、「次のヒットを打つことです」と瞬時に答えました。

また、３０００本安打を達成した時には、「小さなことを積み重ねることが、とんでもない所に辿り着くただ一つの道」と語り、その日、その時できることをしっかりやり切り、積み重ねていくことの重要性を私たちに教えてくれました。

ビジネスでも同じです。大きな目標から逆算し、今すべきことに持てる力をフォーカスしていくことで、初めて一つ一つ階段を上っていくことができるのです。

第四章 〜伝説の新人は、目標設定力が違う〜 まとめ

- とてつもない将来像をイメージせよ
- ワクワクするような目標を設定せよ
- 与えられた目標は、200％の達成を最低基準にせよ
- BIG WHYがどんなに高い目標も実現させる
- 目標を宣言・公言し、自分を追い込め
- 目標から逆算し、今、何をするべきかを考えよ
- 目標は紙に書き出すだけで、達成率が大きく変わる
- 日々やるべきことに全力でフォーカスせよ

第五章

伝説の新人は、時間の使い方が違う。

まず考えよう

今の数倍の効率のよさで、
今の数倍の集中力を発揮し、
自分で使える時間を数倍に増やせたら、
あなたの成長スピードは
何十倍に加速するだろうか。

人生は必ず終わる砂時計のようなものである

一日は24時間しかなく、人生は有限である。これは誰もが同じ条件です。でもこの現実にどれだけ真剣に向き合うかで成し遂げられることの大きさはまったく変わってきます。「超一流」となる人は皆、時間を有効に使うために様々な工夫を行い、それを習慣としています。彼らは人生が一度きりで時間が限られていることを十分に理解しているのです。

人生という限りのある時間を表現するとしたら、それは永遠に時を告げる時計ではなく、細かい砂の粒が少しずつ上から下へと流れ落ちていく砂時計のようなものです。砂時計の砂の量は決まっていて、決して増えることはありません。ぼーっとしていると、どんどん時は流れていきます。砂の残りがわずかになって、慌ててあれこれやりたいと思っても、残念ながらその時には遅すぎます。**20代から人生の総時間をイメージすることが重要なのです。**

20代は10年しかなく、そのうち人生を左右する新人と呼ばれる期間はせいぜい3年です

から、時間にすると2万6280時間です。そのうち一日8時間は睡眠や食事などに使っているとすると、活動時間は1万7520時間しかありません。確実に減っていくこの時間の使い方で今後の人生が左右されるのだとしたら、毎日を本気で充実させて生きるしかありません。

やるべきことを重要度・緊急度で明確にせよ

では、どうしたら毎日を充実させられるでしょうか。『7つの習慣』の著者のスティーブン・R・コヴィー博士は、重要度と緊急度という視点で行動を管理することを勧めています。

まず、日々の活動を重要度と緊急度の軸で4つの領域に分けます。「重要」とは、自分自身にとって重要だと思うことで、「自分自身のミッションや価値観や目標の達成に結びついているもの」です。一方、「緊急」とは「今すぐ対応しなければならないように見えるもの」を指します。こうするとすべての用件は次の4種類に分けることができます。

第一領域：重要かつ緊急の活動

第二領域：重要だが緊急ではない活動
第三領域：緊急だが重要ではない活動
第四領域：重要でも緊急でもない活動

第一領域は、あなたにとって重要で期日がすぐそこに迫っている活動です。通常、これは「問題」とか「危機」と呼ばれているものです。

例えば大事なお客様への企画の提案が明日に迫っている状況で、提案書を完成させる仕事は第一領域に当てはまる活動でしょう。また、家族が病気になって救急車で病院に搬送され、すぐに駆けつけたりすることは第一領域の活動だといえます。

第二領域は、重要なことは十分理解しているけれど、期日が迫っていなかったり決められていないため、緊急度が低いものです。人間関係作りや、健康を維持するための運動、あるいは語学学習やダイエットなどがこの領域に当てはまる人も多いのではないでしょうか。資料の整理なども重要だと感じながら緊急度が低いため後回しにされがちな仕事です。

第三領域は、重要ではないけれども緊急度の高い用件です。会社にかかってくるセールスの電話などは、応対しないわけにもいかない重要性は低く緊急度の高いものといえるでしょう。また必要な資料を探し出すような仕事も第三領域に当てはまるでしょう。探す時間に生み出している価値はないからです。

第四領域は、重要度も緊急度も低いものです。寝る前になんとなくテレビをだらだら見てしまったり、ゲームに興じてしまったりすることは第四領域に当てはまります。

重要事項に費やす時間を増やせ

ではこの4つの領域の活動に優先順位をつけるとしたらどうなるでしょうか。

重要かつ緊急である第一領域の活動は、やらざるを得ないわけですから、最優先であることは明らかです。第四領域の優先順位が一番低いことも言うまでもありません。問題は、重要だが緊急ではない第二領域の活動と、緊急だが重要ではない第三領域の活動をどう考えるかです。

緊急な用件は発生してしまったら対応しなければなりませんが、基本的な考え方は、**「重要な活動の優先順位を高めて時間を使う」ことです。**そのためには、緊急だが重要ではない第三領域の用件をできるだけ少なくする工夫が必要です。

例えば、会議で使う資料を探し出すような仕事は会議までにやらねばならない仕事ですが、そもそもすぐに見つかるような仕組みを作り上げていたら時間は取らないはずです。

特に新人時代は、このような頼まれごとが次々とやってきます。**注意しなければならないのは重要度が低く緊急度の高い第三領域の仕事ばかりに時間を使ってしまっていても、本人はその忙しさから、仕事をしている気持ちになってしまうことです。**

第二領域の重要だが緊急ではない用件は、当初は緊急度が低くても、時間がたつにつれ緊急度が増していきます。語学学習などもやらずに放っておくと、いずれ必要に迫られるようになり慌てて勉強しなければならないことになります。

では、第二領域の活動の優先順位を上げるにはどうすべきでしょうか。コツは、期日を決めないままで放置しないで、デッドライン＝締め切りを自ら設定することにあります。

2週間後までに企画書をまとめなければならない仕事があった時、あなたはどのようにこの仕事を進めているでしょうか。2週間後でいいという考えで放置していると、この仕事はいずれ緊急度が上がり、第一領域の仕事になっていきます。

このような仕事はまずこれにかかる時間を計算しなければなりません。そして2週間後から逆算し、いつまでに上司の確認を取らねばならないか、いつまでに資料を集め、いつまでにアイデアを考えるかを明確にし、それぞれの工程にデッドラインを設けるのです。

そして何より重要なのは、まず手をつけ始めることです。やり始めることで人の意識はそこに向かうようになり、その仕事を寝かすようなことがなくなっていきます。長期の目標を設定しなくてはと思っているのならば、紙を用意し、まずタイトルなど書けるところだけでも書いてしまうのです。

どんな大きな仕事も重い球を動かすのと同じで、初めに少し力がいりますが、少しでも動き始めるとそこに慣性が働き、さらに加速しやすくなります。そして一度動き始めたら止まってしまうことのないように動かし続けるのです。逆に一度中断してしまって寝かしてしまうと、次に動かし始めるときに同じようにパワーが必要になってしまいます。

このように仕事の効率を上げるための工夫を重ねていくことで、第二領域の活動に十分時間を投資できるようになります。

一方で一般的には第三領域に入りそうな仕事も、捉え方次第で新人にとっては重要な仕事になることがあります。例えば頼まれた弁当を買いに行くという緊急の用件が発生した時に、これを重要なことと捉えるか、重要ではないことと捉えるかでその後のアクションは変わってきてしまいます。

相手の期待値を超え、１０１％の法則を守り、チャンススパイラルに乗るためには、急に発生した弁当を買いに行くという用件も重要な任務であることは間違いありません。会社にかかってきた電話を誰よりも早く取り、適切に対応することも新人にとっては重要な任務です。打ち上げの幹事をやることも重要な任務です。

つまりチャンススパイラルにいち早く乗るためには、重要ではない業務はほとんどないと考えたほうがいいのです。すべての仕事が重要だと捉え、すべての仕事において１０１％の法則を心に期待値を超えていくしかないのです。

これを聞いて、弁当を買ってきたり、電話に誰よりも早く出て対応したり、飲み会の幹事で１０１％を貫き続けていたら、本来の第二領域の仕事をやる時間がなくなってしまうのではないかと思う方もいるでしょう。でも、心配することはありません。

チャンススパイラルに乗って、会社にとっても重要度の高い案件が任されるようになってくると、他の新人でもできる仕事はあなたには任されなくなるからです。

弁当を買いにいくのは他の人に任せて、この企画書をまとめる仕事を優先してくれ、というように会社にとっての重要度の高い仕事の割合が増えていくのです。

そうなるためには、一見雑務で第三領域の仕事だと思われるようなことも重要な仕事と捉え、期待値を超え続けなければなりません。新人にとっては、回り道のようですがそれが重要度の高い仕事に時間を費やせるようになる道なのです。

阪急阪神東宝グループの創業者である小林一三さんは、**「下足番を命じられたら、日本一の下足番になってみろ。そうしたら、誰も君を下足番にしておかぬ」**という名言を残しています。与えられた仕事をチャンスと受け止めるのも、雑用と受け止めるのも、本人の解釈次第なのです。

デッドラインを決め、時間をブロッキングせよ

第二領域の重要だが緊急ではない仕事を放っておいたら、緊急度を増して第一領域になってしまった経験は多くの人が味わっているでしょう。これが重なると、緊急の仕事ばかりを次から次へと処理しなければならないことになってしまいます。

これを避けるためには、第二領域の仕事の優先順位を上げ、その仕事のデッドラインを設けることが重要です。そして、デッドラインを決めたら、具体的にいつ、どこまでやる

かをスケジュールに落とさなければいけません。

例えば、自分の長期目標を設定するということを決めたら、「今月末までに設定する」というようにデッドラインを設けます。

しかし、ここで終わってはいけません。長期目標を決めるために必要な情報収集の時間、考える時間、言語化する時間を具体的にイメージし、必要な時間をスケジュール帳の中でブロックするのです。情報収集に4時間くらい必要だとイメージしたら、その4時間をスケジュール帳の具体的な日程の具体的な時間帯を押さえることで確保するのです。


こうしてスケジュール上に第二領域の活動を入れてブロッキングしていくことで第二領域の活動時間は圧倒的に増えていきます。


なんとなく英語の学習をしなければと思いながら放っておくのではなく、〇月〇日のTOEICで900点を取るというように具体的に数字に落とし込んだ目標にデッドラインを設定し、そのために必要な勉強時間を割り出し、一日最低2時間は勉強しなければならないとしたら、その2時間をスケジュール上で確保するのです。

例えば、夜9時から11時までの時間でやろうと決めたなら、スケジュール上の夜9時から11時はすべてブロックしてしまい、他の案件が入り込まないようにします。

その際、新人として重要なのは、目標達成のためにその時間は勉強に充てることを同僚や上司にも事前に伝えておくことです。そうすることでその時間に食い込む案件が少なくなったり、この時間は勉強をしなければならないという自分を縛る効果も生まれます。

ブロッキングで注意すべきことは、仕事だけでなく私生活で重要なこともしっかりと押さえていくことです。大切な友人との付き合いや家族との時間、あるいは打ち込んでいる趣味のための時間なども具体的にスケジュール上でブロッキングしていきます。

そうすることによって本当に重要なことに対する意識が高まり、第二領域の活動時間は増えていきます。同時に一週間のスケジュールの中でブロッキングされた時間が増えていくと、その他の時間は相対的に少なくなっていきます。するとその限られた時間をいかに有効に使うかという意識が生まれやすくなり、集中力が高まります。

朝のゴールデンタイムを活かせ

仕事の生産性を高めるためには、集中力は必須です。そのためには脳が最も活性化する時間帯に創造的な仕事をすることも大切です。早朝は睡眠により頭の回転が速く、集中力がわく時間帯であるばかりでなく、静かな環境であることも大きなメリットです。

朝9時が始業だとしたら、試しに一度、7時半や8時に出社して9時まで集中して業務をこなしてみてください。同じ1時間でも残業して過ごす1時間と早めに出社して過ごす1時間では仕事の効率がまったく違うことに気づくでしょう。

始業となる9時までに仕上げるという意識が働くことや、電話などで集中力を断ち切られることが少ないこと、そして頭が活性化している時間帯であることによって非常に効率よく仕事が進むはずです。始業となる9時にはすでにエンジンがフル回転の状態ですから、9時にやってきてそこからPCを立ち上げる人とは違いが出て当然です。

朝型にするメリットはそれだけではありません。

これは早朝に出社する習慣を身につけた人しか体験できないことですが、**早朝出社をしていると誰が早朝出社をしているかがお互いの共通認識となるのです。**

私のリクルートでの新人時代は朝9時がオフィシャルな始業でした。オフィシャルなというのは、実際は毎朝8時30分には部署ごとの朝会が行われていたからです。当然、朝会に遅れるわけにはいきませんから、当初、私は8時20分には出社するようにしていました。

しかし、私が会社に着いたときには先輩が何人もデスクに座っていて、後から私がおはようございますと挨拶する形になってしまっていたのです。私はこれはまずいと思い、さらに20分早く会社に行くようにしました。朝8時出社です。するとその時間に出社している先輩はだいぶ少なくなり、8時15分からギリギリの8時30分までに多くの人が出社しているのがよくわかりました。

しかし、一方で8時でも私より早く出社している先輩が数人いたのです。その数人の先輩は私が配属された１００人超の部署でトップを争っている営業の方々でした。皆さんそれぞれが、朝会が終わったらすぐに営業に出かけられるようにその日の営業の準備をしているのです。中には二人で営業のロールプレイングをしている先輩もいました。やはり、売れている人は取り組みが違うな、と感じたのを覚えています。

私は、それを見てさらに30分早く出社するようにしました。7時30分出社です。しかし、まだ私より早く出社している先輩がいます。

そこで思い切って7時出社に挑戦してみました。7時出社にすると、朝の6時台の通勤電車が快適であることに気づきました。そしてようやく部署で一番に出社できるようになったのです。朝は人も少なく静かで自分の仕事に集中できます。これは仕事がはかどると思った私はしばらく7時出社を継続してみることにしました。

すると、様々なことに気づき始めました。

一番出社ですから、誰がどんな順番で出社してくるかがわかるようになります。そのうち特に早い二人の先輩は部署の大黒柱的な営業マンで全社でもトップを争っている人だったのです。私は全国トップレベルの営業マンの秘密を見つけたような感覚になりました。

ある朝、まだ数人しかいない時間にトイレに行こうとしたら、トップ営業の先輩とすれ違うことになりました。新人にとって全国トップを争う先輩は雲の上の存在です。

当時はまともに会話もできませんでしたが、すれ違い際に私が「おはようございます」と挨拶すると、その先輩は「いつも早いね。頑張ってるね」と声をかけてくれたのです。

私は新人の自分の存在を意識してくれていたことに驚き、すごく嬉しい気持ちになりました。それがきっかけで少しずつ会話ができるようになると、今度は先輩方の飲み会に連れて行ってもらえるようになったのです。当然そこでは新人同士では聞けない話がたくさん交わされています。私はすごく得をした気持ちになりました。しかし、それだけではありません。やがて私はその先輩から少しずつ仕事を任せていただけるようになったのです。

振り返ると朝早く出社して仕事をすることが、仕事の効率を高めるだけでなく、新人の自分の存在をアピールしチャンスを切り拓くものであったのは明らかでした。

仕事の切れ目以外で息継ぎをするな

時間の使い方と仕事の効率性について差が生まれる重要な要因で、意外に認識されていないことは、**仕事には切れ目があり、切れ目以外で仕事を中断するとその仕事の効率が極端に落ちるという法則です。**

これを解説する前に、人間は「忘れる」生き物であることを強く認識しなければなりません。ドイツの心理学者ヘルマン・エビングハウスは人が記憶していることと時間の関係を実験によって明らかにしました。それをグラフに落とし込んだのが有名な忘却曲線です。

それによると、

20分後には、42％を忘却し、58％を覚えていた。
1時間後には、56％を忘却し、44％を覚えていた。
1日後には、74％を忘却し、26％を覚えていた。

という結果が出ています。これを踏まえると、例えばある会議が終わって、次回までの課題が出た時に、終わった直後の20分に考えてまとめてしまうのと、締め切りギリギリで考えるのでは、効率がまったく違うのは明らかです。

一度忘れてしまうと、資料を読み返したりして思い出すのに時間がかかりますし、思い出せる範囲も非常に限られてしまいます。一日以上寝かせて二十数%しか内容を覚えていないのに、次にいい提案をまとめていくなんてそもそも無理なことだとわかるでしょう。

ここで覚えておくべきことは、「仕事には切れ目があり、切れ目以外で息継ぎをしてはいけない」ということです。

例えば、新規営業の流れで考えてみましょう。通常、リストを作り上げ、そのリストに対するアポ取りを行いますが、多くの人はアポが取れた段階で息継ぎをしてしまいます。「よし、取れた！」という達成感がそうさせてしまうのでしょう。

しかし、まだここでは息継ぎをしてはいけません。アポが取れた瞬間にそのアポのために必要な準備をし、訪問準備ができたところで初めて息継ぎをするのです。

なぜなら、アポを取ってスケジュール帳に訪問日時を入れただけだと、訪問直前に準備をしようとしても、前回どんな話で盛り上がったのか、何を用意していけばよかったのかを忘れてしまったり、思い出すのに苦労してしまったりするからです。

これがアポを取った後で訪問準備まで済ませて息継ぎをするように習慣づけると、結果的に仕事の効率が上がるだけでなく、提案内容のクオリティも上がります。

同様に、お客様を訪問し終わったら、すぐにそこで得た情報をまとめたり、議事録を作成する習慣を身につけなければなりません。何もせずに、そのまま次の仕事に入ってしまうと、次回訪問の準備に苦労したり、提案内容の質が下がってしまったりするからです。

このようにすべての仕事には、息継ぎをしていいタイミングと息継ぎをしてはいけないタイミングがあります。自分の仕事の流れを分解し、人間の忘却曲線も考慮に入れて最も効率のいいタイミングで息継ぎをする習慣を身につけていくことが大切です。

会議後20分で勝負せよ

このルールを具体的に実行に移すために有効な方法をお伝えしましょう。**それは社内やお客様との会議終了後の時間をあらかじめブロッキングしておくことです。**

例えば、14時から15時に社内会議があるとしたら、スケジュール帳の14時から15時のところにラインを引くだけでなく、あらかじめ会議終了直後の15時から15時30分までを次回会議のための準備時間として確保してしまうのです。

そして実際に会議が終わったら、すぐに会議の内容を振り返り、自分がやるべきことに手をつけ始めるのです。この効果は絶大です。

会議終了直後で頭がホットな状態ですから、話し合い内容も十分に記憶にある状態で次回までの課題に取りかかることができます。当然、締め切り直前に記憶を辿りながら取り組むのとでは、労する時間も仕上がりのクオリティも違います。

それだけではありません。課題を締め切り前に出すことで仕事の速さを印象づけることもできますし、人に早めに見てもらい、さらにブラッシュアップすることもできるのです。

隙間時間をフル活用せよ

本章の最後に、隙間時間の有効活用についてお話ししましょう。一日で普通の人の何倍もの活動をしている人は、隙間時間をうまく使っています。代表的なものを挙げてみます。

通勤時間／エレベーターの待ち時間／ランチ・夕食の時間／外食で食事が出てくるまでの時間／会議開始までの待ち時間／PCの起動までの待ち時間／移動時間／予定がずれて急にできた時間／トイレの時間／入浴時間／寝る前の10分間

これらの細かい時間を合わせると、普通であれば2時間くらいはあるのではないでしょうか。この時間をどのように使うかで成長スピードは大きく変わってきます。

例えば通勤に30分かかり、往復で1時間だとしたら、平日だけでも一年間に250時間ほどの時間があります。それを仮に読書に充てて5時間で1冊読めると計算したならば、一年間で50冊の本を読める時間を作り出せるのです。読書量の多い人は一年で100冊くらいは読んでいますが、それくらい読む人はどんな時も鞄には本が1冊か2冊入っていて細かい時間をつなぎ合わせて読んでいます。

最近はポッドキャストなどの音声プログラムも充実していますから、本を読める環境でなかったとしても、隙間時間を使って耳から学ぶことも可能です。ポッドキャストは倍速で聞くこともできますから、これからのインプット方法としてトライしてみるといいでしょう。

ソーシャルメディアでの情報収集や発信なども、こうした隙間時間の中で時間を区切ってやることで本来の業務時間が侵食されないようになります。

こうした隙間時間を活かすコツは、あらかじめ隙間時間にすることを決めておくことです。年間40冊以上の本を書き、3つの会社を経営して、カウンセリングや大学教授の仕事をこなし、時に映画も作ってしまう和田秀樹さんはその著書『1分間をムダにしない技術』の中で、隙間時間を活用するためには、あらかじめ30秒でできること、1分間でできること、2分間でできること、3分間でできることをリストアップし、準備をすることの重要性を説いています。

通常の人の10倍、20倍の仕事量を普通にこなす人は、1分間の使い方が10倍も20倍も優れているのです。

第五章 ～伝説の新人は、時間の使い方が違う～ まとめ

- 人生砂時計を意識し、時間感覚を研ぎ澄ませ
- 重要事項に費やす時間を増やせ
- デッドラインを決め、時間をブロッキングせよ
- 朝のゴールデンタイムを活かせ
- 仕事の切れ目以外で息継ぎをするな
- 会議後20分で勝負せよ
- 隙間時間をフル活用せよ

第六章

伝説の新人は、解釈力が違う。

まず考えよう

やる気に火がついてきたのに、
「どんなに頑張っても
伝説の新人になることなど99%不可能だ。
現実を見つめろ」と言われてしまった。
どう考えを整理すればいいだろうか。

事実は一つしかないが、解釈の仕方は無限にある

「解釈力」という言葉を聞いたことがあるでしょうか。世の中ではあまり使われないようですが、ビジネスの成功のみならず、人生を豊かにしていくために絶対不可欠な力、がこの解釈力です。**ここでいう解釈とは、出来事や情報に触れた時、どのようにその意味づけを行うかということであり、解釈力の高い人とは、その意味づけの仕方がうまい人を指します。**

これは解釈の仕方の違いを語る時に昔からよく示される有名なエピソードです。靴を扱う企業から、二人の社員がアフリカのある国に市場調査に派遣されました。そして、それぞれが現地での生活者の様子を調べ上げ、本社に調査報告を行いました。一人は、「こちらではみんな裸足で生活しています。市場はまったくありません」と報告し、もう一人は、「こちらではみんな裸足で生活しています。市場は無限にあります」と報告したのです。

この話における事実はみんなが裸足で生活していたということですが、これに対する意味づけはまったく違うものになってしまったのです。

この話は、後者の社員が本社から現地に大量に靴を送ってもらって売った、というオチをもって語られることが多いですが、ここで重要なのは、**出来事や事実そのものには意味がなく、それをどう解釈するかによって意味が変わるということを認識することにあります。**

この話も、前者が賢明な判断で、後者が無謀な判断と取られることもありうるのです。これからお伝えする**「解釈力」は、単に物事をポジティブに捉えなさいとか、楽観的に考えなさいというものとは違います。**単純に自分にとって都合のいい解釈をして「なんとかなるさ」で済ますことも時には必要ですが、ここでいう「解釈力」はそれとは違うのです。**「解釈力」とは「出来事や情報に対し、明日につながる意味づけを行う力」です。**では、明日につながる意味づけとはどういうことなのかを考えていきましょう。

99%不可能＝1%可能。1万人いれば100人成功する

例えばあなたが会社の先輩たちと飲みに行った時に、夢について語ることになったとします。あなたが「これまでのどんな社員でも残せなかった伝説となる営業数字を残したい」と具体的な目標を掲げて伝えたところ、先輩たち全員に諭されるように言われました。

「それは99%無理だから、落ち着いて考え直して、もっと現実的な目標を設定して20代を楽しんだほうがいいよ」

何年も経験を積んでいる先輩たちの話だけにあなたの心は揺らぎ始めています。さて、この状態においてどのような解釈をすれば明日につながる意味づけができるでしょうか。

伝説を残すような人はこう考えます。

「これだけ無理だと言う人が多いということは、やり切れば本当に伝説になれるということに違いない。すごいチャンスだ。そもそもできそうなことをやっても伝説にはなれないのだから」

「99%無理というのが本当ならば、1%は成功するということだ。100人いれば1人、1万人いれば100人が成功する」

「99%無理と言われれば、99%の人は諦めるだろう。残りの1%は諦めない人間だけがものにできるはず」

「先輩は、僕の本気度を試しているに違いない。ここでやり切ることを宣言してしまったほうが自分を追い込めていいはずだ」

いかがでしょうか。人によっては他にも捉え方はあるでしょう。

ポイントはただ単に「なんとかなるさ」と楽観的に捉えているのではなく、「99％無理」という情報に対し、明日につながる意味づけを行い、自分の目標に向かうエネルギーをさらに引き出している点にあります。これは何でもかんでもポジティブに考えればうまくいくということとは意味が異なります。出来事や情報に対し、普通は思いつかないような解釈をする力を身につけることで、成功や成長を導く考え方なのです。

サッカー界で数々の伝説を残している三浦知良選手は、高校を中退してブラジルに行くと言った時に、当時の高校の監督から「100％とは言わないが、99％無理だ」と言われ、「1％あるんですね？ じゃあその1％を信じます」と返答したといいます。当時15歳の少年が1％の夢に賭けたことが現在の日本サッカーの発展を導いたともいえるでしょう。

同じ情報を見て、どう解釈するかで人生が変わる

私自身がこうした考え方に気づいたのは、大学受験の時でした。部活動ばかりをやっていてまったく勉強をしていなかった私が、高校3年生の夏に初めて受けた模擬試験での偏差値は30台。偏差値と一緒に志望校への合格率が記入された欄が5校分くらいありましたが、すべてそこには「合格率20％以下。志望校変更が望ましい」と記入されていました。

それはそうでしょう。志望校の合格に必要だといわれていた偏差値とは40近くも離れていたのですから。このままのやり方では絶対に受からないと思った私は、まずは何をどう勉強すればいいのかを調べなくてはと思い、書店に行って合格体験記をあるだけ買ってきました。そして、一人一人の話を読み込み始めました。そして、しばらく読み進めていくうちに大きな発見をしたのです。

合格体験記を書いている人には2種類の人がいることに気がついたのです。どこかの大学に受かりながらも、落ちてしまった大学や学部もあるという人と、受験したすべての大学のすべての学部に合格している人の2種類でした。

運動部だった私は、これをスポーツの試合に当てはめて眺め直しました。そして2校受かって4校落ちている人は、2勝4敗の勝率3割3分、6校受けてすべて受かっている人は6勝0敗で勝率10割なのだと気づいたのです。

そこで私は、生意気にも勝率が低い人の話は信じてはいけない、勝率10割の人のやり方だけを信じようと思い、勝率10割の人の勉強方法だけを再度読み込み直しました。そこで衝撃的な発見があったのです。**勝率10割の人たちが「これは徹底的にマスターしたほうがいい」と薦めている参考書がほぼ共通だったのです。**

当時、何から手をつけていいのかさえまったくわからなかった私にとって、この発見はこれだけを完璧にすればいいのだと信じ込めるだけの大きな気づきでした。**同時に、人と同じものを見て違う発見をする快感を味わった初めての出来事だったのです。**

ただ、何を勉強すればいいかがわかったとはいえ、実力がそんなにすぐにつくはずがありません。その後も何度も模擬試験を受けますが、戻ってくる結果はいつも同じ。どの志望校に対しても「合格率20％以下。志望校変更が望ましい」と書かれ続けていました。そして12月の末。２月からの本番に向けて最後の模擬試験でのことでした。戻ってきた結果に少しだけ変化があったのです。そこにはこう書かれていました。

「合格率25％。志望校変更が望ましい」

ビックリしたのと同時にものすごく嬉しくなりました。何度も何度も「合格率20％以下」と言われ続けてきた私にとって、同じく「志望校変更が望ましい」と書かれていたにせよ「合格率25％」に変わったことはとても大きなステップだったのです。

私は「合格率20％以下」と「合格率25％」の違いは何かを考え始めました。そして今だからこそ表現できる「明日につながる意味づけ」を勝手にし始めたのです。

それは、20％以下というのは０％かもしれないし５％かもしれないけれど、**合格率25％**

というのは、過去のデータにおいてこの時点でこの成績だった人のうち、4人に1人は滑り込んで合格しているということなのではないか、という考えでした。

実際はどうなのかは予備校に聞いてみないとわかりません。でも、コンピュータが私の成績をもとに弾き出したのが25％だったことは事実なのです。

4人のうちの1人になれば受かるのだと考えた私は、他の3人を勝手にライバルとしてイメージしてみました。きっと「合格率25％。志望校変更が望ましい」と言われたら、その3人のうち2人は諦めるだろう。ということは、残りの1人との戦いだ。こいつに負けさえしなければ、自分は絶対に合格するに違いない。受験本番まで残り1か月。ずっと先のゴールの方向に微かにこぼれる光を見つけた私は、さらに勉強を加速しました。

すると、小さな奇跡が起きたのです。結果的には不合格となり浪人することになるのですが、なんと志望校の一次試験を通過し、二次の最終試験で補欠にまでなったのです。もちろん現役で合格するという目標を果たせなかったので悔しかったのですが、それは20歳前の私にとって初めての小さな成功体験でした。

そして、情報や自分の置かれた状況をどう解釈するかで自分のエネルギーの引き出し方が変わる、ということを初めて学んだ体験だったのです。

立場が変わると解釈は変わる

解釈力の重要性を感じてもらうためにもう一つイメージしていただきましょう。あなたは入社して5年間貯め続けたお金で、とうとう念願のスポーツカーを購入しました。早速納車されたスポーツカーに乗り込み、初めてのドライブに出かけます。夢にまで見た光景です。しかし、峠道に入ったところで少し雨が降り始め、カーブでスリップしたかと思った次の瞬間、車は壁に激突、車の前方が完全にクラッシュしただけでなく、あなたは左腕を骨折してしまいました。

買ったばかりの愛車が初日にクラッシュ……。左腕は動かず、痛みもすごい……。クラッシュした車はレッカー車で運ばれ、あなたは救急車で病院に運ばれました。

「なんて運が悪いんだ……。今日は人生最悪の日だ……」

病院のベッドに寝かされたあなたは立ち直ることもできないほど落ち込み、自己嫌悪とともに雨を恨み始めました。

そこに事故を聞きつけたご両親が駆けつけてきました。あなたはこの上怒られるのは耐えられないと思い、顔を合わせようともしませんでした。すると、お母さんが言いました。

「ホント、大した事故じゃなくてよかったわね。人でも轢いていたらどうなっていたのかと心配したのよ。怪我したのも左腕だけでまだ助かったわね。神様に感謝しないとね」

あなたはその時初めて思いました。「死ななくてよかった」と。

そして大きな事故ではあったけれど、車がつぶれて左腕が折れただけで、交通事故の加害者にならないで済んだことに気づき、運がよかったと思い始めたのです。

「利き腕の右手は使えるから仕事はできる。取り返しのつかない事故を起こしてしまう前に車をぶつけたのは、きっと神様が自分の運転の荒さに気づかせてくれたんだ。もう二度と同じ間違いはしない……」

運がいいと思う人は、本当に運がよくなる

出来事の意味は解釈の仕方によってまったく変わってきます。この事故の例では初めは「運が悪かった」と感じていたことが、気づきを得て「運がよかった」と思うに至りました。

この例では、お母さんが言葉を投げかけたことによってそう思うことができたわけですが、目の前に起こる出来事に対し、常に他者が明日につながる解釈を与えてくれるわけではありません。だからこそ、自分自身の解釈力をつけ、目の前で起こっている事実をどの

ように意味づけすればいいのかを考える習慣を身につけることが重要なのです。

松下幸之助さんは若い頃、港でアルバイトをしていたそうです。ある時船べりに腰かけていたら、そこを歩いてきた男が足を滑らせ、とっさに幸之助さんにしがみついたのですが、結局二人とも海に落ちてずぶぬれになってしまったそうです。まさに不運というしかない状況といえるでしょう。普通であれば怒ってもおかしくない状況です。

しかし、海から上がった幸之助さんは「夏でよかったなぁ」と言ったというのです。

大きな成功を収めた方に成功の要因を聞いていくと、「たまたま運がよかっただけだ」と言われることがよくありますが、実はそれは一つ一つの出来事や出会いに対して、明日につながる意味づけを行う習慣ができているからなのです。

運がいいと思う人はその運に感謝し、それを大切にしたり、そこから学んだりします。しかし、運が悪いと思う人は何事も自分の責任ではなく、運が悪いせいだと考え、そこで思考がストップしてしまうのです。だから同じようなことを繰り返してしまいます。

運がいいと思う人が本当に運を引き寄せ、運が悪いと言う人が悪運を引き寄せるのは**このような構造があるからなのです。**

一度も失敗をしたことがないエジソン

発明王エジソンの解釈力にまつわるエピソードは有名ですから、ご存じの方も多いかもしれません。2万回もの失敗を経て電球を発明したエジソンに対し、記者がどうしてそんなに失敗を繰り返しても諦めなかったのかを聞いたら、エジソンはこう答えたそうです。

「私は一度も失敗していません。成功しない方法を数多く発見し続けてきただけです」

私は、これが強がりでも単なる言葉の言い換えでもなく、エジソンが本当にそう考えていたのだと思います。それは次のエピソードからもうかがえます。

ある時、アシスタントとともに実験を繰り返していると、実験装置が爆発してしまったそうです。失敗ばかりの実験に我慢の限界を超えたアシスタントがついにキレて、「いつまでこんなバカみたいな実験に付き合わせるんだ！　俺を殺す気か！」と怒鳴ったところ、エジソンは慌てて机に向かい、ノートにペンを走らせながらこう言ったそうです。

「ちょっと待ってくれ。今、すごい爆発の法則を発見できたんだ……」

すべての失敗を学びに変えよ

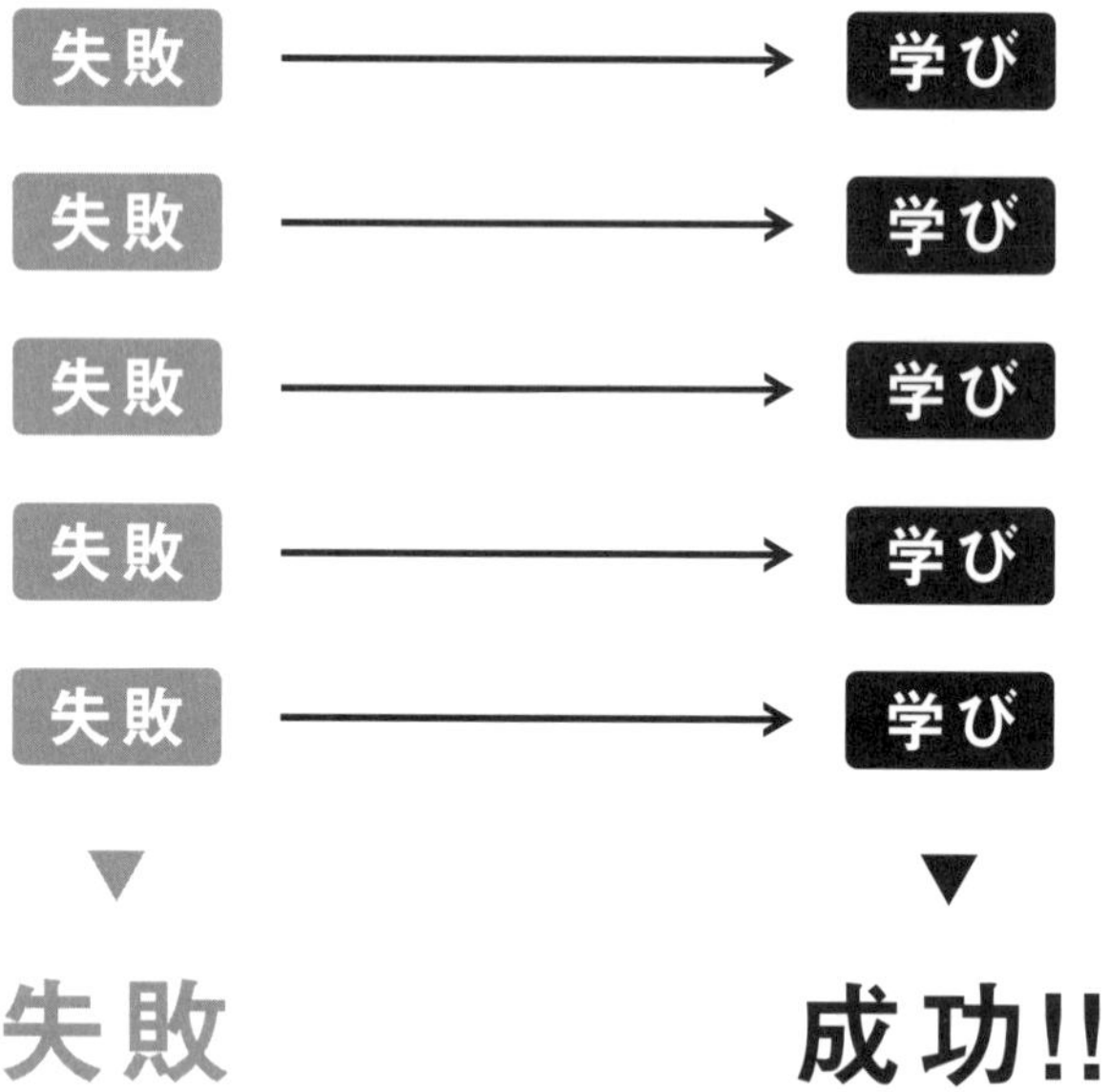

うまくいかなかったことを失敗のまま
終わらせる人は失敗に終わり、
学びと考える人は学びを蓄積して成功する

この話を聞いて、私はエジソンが世界一の発明家として数々の伝説を残している理由がよくわかりました。エジソンは目の前に起こっている出来事や情報を自分の目的としている発明に関係づけることができないか、という思いが並外れて強かったのだと思うのです。

150ページの図に示したように、エジソンにとっては、**普通の人が失敗だと考えることはすべて学びであり、そして学びを積み重ねていくことで大きな成功を手に入れたのです。**

失敗ということに関してエジソンはこうも語っています。

「人生における失敗者の多くは、諦めた時にどれだけ成功に近づいていたかに気づかなかった人たちである」

人生においては困難や壁に突き当たった時ほど解釈力の高さが求められます。この言葉は、自分の人生を俯瞰して見つめ、目の前に起きていることの意味をよく考えなさいと私たちに教えてくれているのではないでしょうか。

成功するまでやり続けるから、成功する

ケンタッキーフライドチキンの創業者、カーネル・サンダースがおいしいチキンを調理するレシピを提供し、その対価として売り上げの一部をもらうというフランチャイズの原

型に挑戦し始めたのは65歳の時でした。しかし、そのビジネスとしての価値がなかなか伝わらず、なんと１００９社もの会社に断られたそうです。そして１０１０社目でついに契約を取り、ここから「ケンタッキーフライドチキン」の歴史が始まりました。

ウォルト・ディズニーは「子供も大人もハッピーになれる場所、魔法の王国『ディズニーランド』というのを作ろう」と思い立ち、イメージを膨らませた企画書をまとめて銀行に行きましたが、どの銀行でも一笑に付されていたそうです。「本気ですか？　こんなもの作っても、誰も遊びに来ませんよ」

しかし、ディズニーは諦めません。断られるたびに企画書を直し、何度も銀行に融資の依頼に行きました。その数、３０２回。そして３０３回目、ついにディズニーランドを作り上げるための融資が決まったのです。１９５５年に完成したディズニーランドは、大方の予想に反し大人気となり、開業1年で入場客数は４００万人を突破したそうです。

どこかでウォルト・ディズニーがこの夢の実現を諦めてしまっていたら、今、世界中で愛されているディズニーランドは誕生していなかったのです。

失敗を学びに変えられれば、諦めない力が生まれる

紹介した3人に限らず、大きな夢を実現している人は皆、簡単には諦めません。それを諦めない力がすごいという一言で言うのは簡単ですが、いくら諦めるなと言われても、心の中でこれは無理だと確信してしまったらどんな人も諦めてしまうでしょう。では、伝説を残すような人はなぜ諦めないのでしょうか。そこには二つの条件があるのです。

第一の条件は、自分の夢や目標を絶対に達成するという信念を持っていること。この段階では、絶対にできるという具体的な根拠があるかどうかは問題ではありません。根拠がなくとも、やる、できる、という思いがあることが第一の条件です。この気持ちがないと失敗を繰り返したり、困難にぶつかった時にあっという間に心が折れてしまいます。

第二の条件は、普通の人が失敗と感じることを、学びと解釈する習慣です。失敗の原因を探り、その解決策を考える習慣がある人は、すべての失敗を学びに変えることができるのです。

この思考習慣がある人は、普通の人が失敗と思う状況に陥っても、そのたびに学びを重ね夢の実現に近づいていると考えていますから、諦める理由がそもそもないのです。

エジソンの言葉を借りれば、**「失敗は、こうしたらうまくいかないということの発見」です。うまくいかないやり方を発見したのですから、同じやり方で何度も失敗を繰り返すのは愚の骨頂です。重要なのは達成までのアプローチを改善し続けることなのです。**

できない理由ではなく、できる方法を探せ

困難な状況に陥った際に、明日につながる意味づけを行えるようになるための第一の方法は、自分に対する質問の仕方を変え、それを習慣づけることです。

人は物事がうまく進まないと、「なんでできないのだろう」と考えがちですが、この質問を自分に投げかけていると、脳はできない理由を探し続けてしまいます。

そして、この質問だけを自分に投げかけているとずらりと並んだできない理由を前に、これは無理だ、諦めるしかないと思うようになってしまうのです。

こうした困難な状況を乗り越えるためには、**「なんでできないのだろう」という自分への問いかけから、「どうしたらできるのだろう」というできる方法を探す問いかけをするように習慣を変えていかねばなりません。普通に諦めてしまう人と、諦めないで夢や目標**

を実現してしまう人の思考習慣の差はここにあります。できない理由を探すのではなく、できる方法を探すのです。

「どうしたらできるのだろう」という問いかけの力は絶大で、脳はできる方法を探し始めます。すると次第にできない理由ではなく、できる方法を探すことにフォーカスできるようになっていきます。もし「なんでできないのだろう」と考えてしまったら、すぐに「どうしたらできるのだろう」と問いかけを変える習慣を身につけていくのです。

一方、明日につながる意味づけを行うということでは、成功した場合にどう考えるかも重要です。**成功を収めた時は、なぜ今回成功できたのかということをしっかり考え、「成功してよかった」で終わらせることなく「なぜ成功できたのか」を言語化することが重要です。**

それが成功を繰り返すための必須条件です。

うまくいかない時　↓　「どうしたらできるのだろう」
うまくいった時　↓　「どうしてできたのだろう」

この二つの言葉を常に自分に投げかける習慣を身につけると、経験の一つ一つがどんな状況下においてもプラスに働くようになります。

他者の視点を大量にインプットせよ

解釈力を向上させるための二つ目の方法は、自分と違う視界を持つ他者の考え方を大量にインプットすることです。

146ページで述べた事故の例でいえば、母親からの一言で新たな解釈ができるようになったわけですが、このように立場が違うと同じ出来事に対して解釈がまったく異なることは多々あります。

例えば、この事故をあなたが起こしてしまったと想定した時、あなたの会社の社長はどう考えるでしょう。大事な社員を守る立場としての考えもあるでしょうし、会社のブランドを守る立場としての考えもあることは容易に想像できるはずです。

事故を起こしてしまった場所を通学路として利用している子供を持つ親は、この事故をどう考えたでしょう。この車を販売したディーラーの営業マンやこの車を造っているメーカーの人がこの事故を知ったらどう感じるでしょう。恋人はどう感じるでしょう。子供がいたらどう感じるでしょう。

このように、考える対象となる出来事や情報に対し、**立場が違う人はどのように考えるのかをイメージしたり、実際に話を聞いたりすることで解釈の幅は大きく広がります。その上で、自分にとってプラスになる「明日につながる意味づけ」を行っていけばいいのです。**

解決したいなら、悩み事は同期に相談するな

他者の考え方を知り、自分の解釈力の幅を広げることは重要ですが、その際、気をつけたほうがいいのは、**自分と同じ境遇・同じ視界の人の意見ばかりを聞いていると、視野が広がることがないだけでなく、狭い視野での考えに固執するようになってしまうことです。**

特に、新人時代は思い悩むことが何度もある時代です。同じように苦しんでいる同期の仲間に悩みを打ち明けても、慰め合いになりがちです。これを繰り返していると、自分たちの考え方が正しいという思い込みが強固になり、ますます悩みは深みにはまっていってしまいます。

ただ話を聞いてほしいだけという時もあると思いますが、同じ境遇の人との話だけだと、慰め合いになってしまいがちだということは強く意識しておかねばなりません。

悩みを解決し「明日につながる意味づけ」を行いたいのなら、人に話を聞く時は自分とは違う視界を持っている人に聞くべきです。

この違いは積み重ねると圧倒的な違いになります。例えば入社後3年間で、同じ会社の同期に50回相談した人と、上司や他社の先輩や他業界の人に50回相談した人では、どう考えても後者のほうが圧倒的に視野が広くなり、解釈力が高まることがわかるでしょう。

抽象のハシゴを使いこなせ

解釈力を高める3つ目の方法は、物事を多角的に見ることです。例えば、159ページの写真をご覧ください。何に見えますか。多くの方は「リンゴ」と答えると思います。では、リンゴ農家の方にこれは何かと聞いたら何と答えるでしょうか。彼らは数あるリンゴの種類を熟知しており、この写真でいえば「サンふじ」という名前で答えるでしょう。あるいは、果物と野菜の区別を学んでいる小学生はこれを見て「果物！」と答えるかもしれません。お腹が空いた人が見るとこれは「食べ物」になったりもします。

このように言葉の抽象度は何段階かに分けることができます。これを「抽象のハシゴ」といいます。私たちは言葉を選ぶ時、無意識のうちにこの「抽象のハシゴ」を上下に行っ

この写真は何に見えますか？

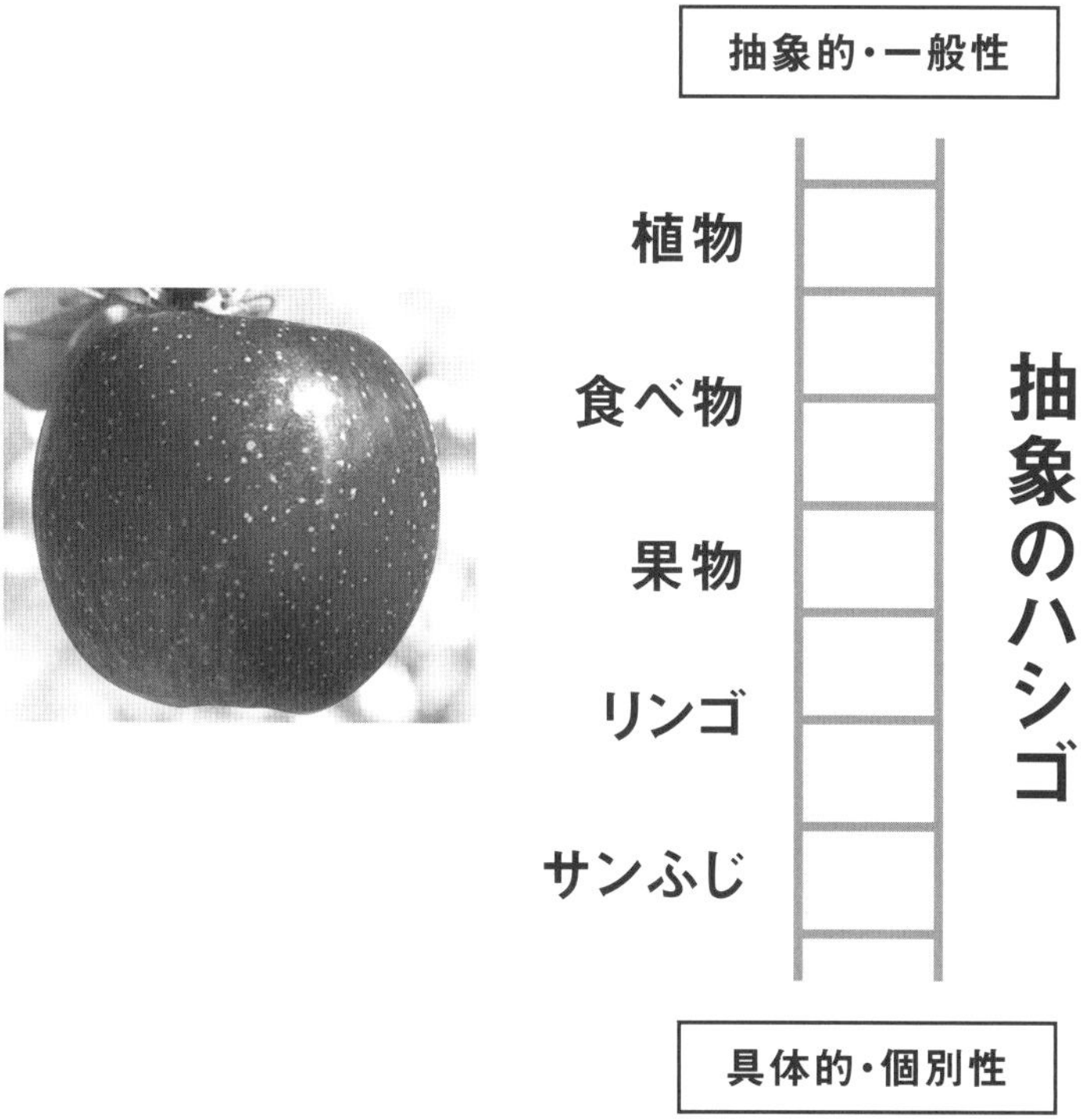

たり来たりしながら思考を整理し、人とコミュニケーションしているのです。

これはモノについて当てはまるだけではありません。自分がやっている仕事や行動についても抽象度が違うと意味が大きく変わることがあります。

3人の石積み職人の話は有名ですので、ご存じの方もいるでしょう。通りかかった旅人が3人の石積み職人に「何をしているのか」をたずねたら3人とも答えが違ったという話です。

一人目の職人は「見ればわかるだろう。石を積んでいるんだよ」と答え、二人目の職人は「私は教会を造っているのです」と答え、3人目の職人は「私は人々の心を癒すための空間をつくっているのです」と答えたのです。

同じことをしているのに、自分の仕事に対する意味づけがまったく違うのです。

ビジネスにおいては、この「抽象のハシゴ」をうまく活用することで仕事のもたらす価値や意味づけが大きく変わってきます。経営理念がしっかりした企業は、現場で行われている一つ一つの仕事の意味を、社会に対する価値にまで抽象度を上げて言語化しています。

伝説的な実績を残そうと思うのであれば、自分のやっている仕事の抽象度を上げ、人や社会に対する価値は何かを十分に理解し、苦しい時でも踏ん張れる解釈ができるようにし

ておくことが重要です。そうすることによってたとえ目の前の案件で何度も壁にぶつかっても、また立ち上がる力が湧いてくるからです。また、この力を身につけると、リーダーシップも強化されます。人は、力を与えてくれるメッセージを発信する人についていくからです。

虫の目、鳥の目、魚の目を持て

抽象のハシゴが見ているものの抽象度を変えてみるという手法であるのに対し、これから紹介する「虫の目・鳥の目・魚《さかな》の目」は対象物の見方を変える方法です。

「虫の目」は、近いところで虫のような複眼を使い、様々な角度から注意深く見る目のことです。現場で何が起こっているか、その実態を把握する力といっていいでしょう。新人時代は特に現場でどれだけ活躍するかが問われる時代ですから、この「虫の目」を鍛え、現場で起こっていることを誰よりも多角的に見る習慣を身につけることが大切になります。

一方で、「虫の目」には、近くは詳しく見えるけれども全体は見えにくいという弱点もあります。時間的にも近視眼的になりがちです。

そこで必要なのが「鳥の目」です。「鳥の目」は、虫には見ることができない広い範囲を高いところから俯瞰する目を指します。「鳥の目」で全体を視野に入れると、現場で起こっていることの根本的な課題を発見したり、優先順位を読み取り、判断できるようになります。

新人時代は目の前の仕事にどうしても意識が集中しがちで、意識しないとなかなか「鳥の目」で自分を取り巻く環境を見つめることはできません。だからこそ「鳥の目」を意識して物事を見つめ、的確な判断ができるようになれるとそれが大きな武器になります。

「伝説の新人」を目指すのであれば最低でも自分の二つ上の役職の人が何を見ているのかまで考える習慣を身につけ、視野を常に広げていくことが重要です。

そして最後に紹介する「魚の目」は、魚が水の流れや潮の満ち干を敏感に感じるように世の中の流れを敏感に感じる目のことです。目の前で起こっていることを長期的視野で捉え、時間の流れの中で現在を見て、未来をイメージする力といえるでしょう。社会が大きく変化している現代においては、欠かせない力といえます。

この「虫の目・鳥の目・魚の目」を併せ持つということは、現場を知り、組織全体を知り、時代の流れを読むということにほかなりません。

どうしても現場で起こっていることに意識が集中しがちな新人時代に、意識して「鳥の目」「魚の目」で物事を見る習慣を身につけることは、解釈力を高めるだけでなく、自分よりも高く広い視野で物事を考えている上司や経営者の視界に近づくことになり、それがあなたの会話やアウトプットを変え、チャンスをさらに引き寄せることにつながっていきます。

第六章 ～伝説の新人は、解釈力が違う～ まとめ

- 出来事に明日につながる意味づけをせよ
- 99%不可能＝1%可能。1万人中100人は成功する
- 運がいいと思う人は、本当に運がよくなる
- すべての失敗を学びに変えよ
- 成功するまでやり続けるから、成功する
- できない理由を探すのではなく、できる方法を探せ
- 他者の視点を大量にインプットせよ
- 出来事や情報を多角的に見つめ直せ

第七章

伝説の新人は、好かれ方が違う。

まず考えよう

サンタクロースが世界共通で
好かれているのはなぜだろうか。
サンタクロースにとっての
喜びとは何だろうか。
私たちが彼から学ぶことは何だろうか。

質の高い人間関係が、人生と仕事に成功をもたらす

アメリカ合衆国第26代大統領のセオドア・ルーズベルトは、**「成功法則の中で最も重要な要素は、人間関係の極意を知っていること」と語りました。**あなたも人間関係の重要性はきっとこれまでの人生の中で感じていることでしょう。

ビジネスにおいては、さらにこの重要性が増してきます。一人でできる仕事は限られており、多くの仕事が他者との協働で動くからです。その時に、いい人間関係ができていないと、仕事の成果にも大きな影響を及ぼします。逆に、いい人間関係ができていると、予想以上の好結果をもたらすこともあります。**知らぬ間に敵を作っている人と、自然に仲間が増えていく人では、もたらされるものが違うのは当然です。**

いい仕事をする人は、いい人間関係を作り上げ、関わる人の力をうまく引き出し、自分の経験や能力だけでは達成できない仕事をやり遂げてしまいます。

まして経験や能力が十分でない20代の新人にとっては、よりいい人間関係を作り上げることはビジネスの第一歩だといえるでしょう。その柱となるのが「好かれる人間になる」ということなのです。

好かれる人間になることは、人格を磨くこと

「好かれる人間になる」というと、何かその先にある目的のための表面的な行動と受け止める人もいるでしょう。「好かれること」が目的なのか、手段なのか、結果なのかという議論はありますが、新人時代はそれが目的であれ、手段であれ、結果であれ、とにかく好かれる人間になったほうがいいことは間違いありません。

その理由は、逆の立場になればすぐにわかります。

今から数年後、あなたが何かのプロジェクトを責任者として任されたとします。上司からは、チームの中に新人を1人入れて学ばせてやってくれと言われました。

部署にいる新人は5人です。能力や経験についてはダンゴ状態で誰を入れればいいか判断がつきません。ただ、その中に1人だけあなたによく質問しにきたり、話しかけてきたりして、あなたを慕っている新人がいます。さてあなたはどうしますか。

当たり前ですがこのような場合、あなたを慕っている新人をチームに加えることになるでしょう。逆の立場になれば極めて当たり前なのですが、選ばれない新人たちはそんな先

輩の気持ちを理解できず、どうしてあいつだけ選ばれるんだと不公平だと感じたりします。

織田信長の下足番だった豊臣秀吉が、胸に入れて温めておいた草履を信長に差し出し、可愛がられ始めた話は有名です。秀吉はちょっとした気遣いがきっかけでチャンスを次々とものにし、立身出世していきました。

ビジネスは人間と人間が行うものですから、スキルと経験だけで人選されチームが組まれるわけではありません。スキルや経験の有無はもちろん前提にはありますが、それ以上に**一緒に仕事をしたら楽しそうだとか、刺激がありそうだという感情的な判断がそこには加わります。相手から見て好感度の高い人がチャンスをたくさんつかむのは必然なのです。**

これは、お客様との関係においても同様です。あなたが営業マンだとしたならば、お客様にあなたから買いたいと思わせる何かがなければ、他社の営業マンから買われてしまったり、一番安いところで買われてしまったりします。あなたがお客様に気に入られていれば、あなたにチャンスが訪れる確率は大きく上がるのです。

ポイントは第一想起されることです。一番初めに思い出される存在であれば、チャンスは大きく広がりますが、思い出されない人にはチャンスが回ってくることはありません。

ですから、「無理に好かれることなんてない」なんて思っていたら大間違いです。「好かれる能力」を身につけることは「伝説の新人」を目指すのであれば必須条件なのです。

そして、誰からも本当に好かれる人間になれたとしたら、その時はすでに人格も磨かれていることでしょう。意識的行動が習慣を生み、習慣が人格を形成していくのです。

相手が喜ぶかどうかを基準に、すべての行動を見直せ

では好かれる人間になるためにはどうしたらいいのでしょうか。答えはすでにあなたが持っています。あなたは、こうされたら嬉しかったとか、こうされたら嫌な気分になったという経験をこれまでの生活の中でたくさん積み上げてきているはずです。それを逆に自分の行動に当てはめて、やるべきことをやって、やめるべきことをやめればいいのです。

これを明確化するために**「○○の時に、○○してもらったら嬉しかった」という経験を具体的に思い返し、具体的な行動としてリスト化し、日常の生活の中で意識して行動をするようにします。**するとやがてそれが習慣となり、あなたの見られ方は変わっていきます。

〔例〕

・人と会った時、こちらから先に、笑顔で、目線を合わせて挨拶する。
・お茶などを買いに行く時、周囲の人に何かついでに買う物がないか聞いてみる。
・誰かとドアを開けて通る時、自分からドアを開けて押さえ、相手を先に通す。
・仕事中に話しかけられたら、ＰＣを打つ手を止めて、身体を向き直して話を聞く。
・飲んで別れる時は、先輩が乗る電車を見送ってから帰る。
・退社前に残っている人に「何か私にできることはありますか」と聞く。
・みんなで食事に行った時、周りの人に箸を取ったり、水をつぐ。
・ご馳走になった時は、翌朝一番にお礼の連絡を入れる。
・上司に呼ばれた時はノートとペンを必ず持って行く。
・誕生日を知ったら、すぐに手帳に書き込み、当日は一言メールを入れる。

ここに挙げた例はわずかですが、**こうしたリストを毎日生活していく中で充実させていき、常に持ち歩いて毎日できているかどうかをチェックするようにします。**

コツは、「○○の時、○○を○○する」というように生活の中での具体的なシーンをイメージし、その時の行動を具体的に書くことです。

例えば、挨拶をすることを意識したいのであれば、**「きちんと挨拶をする」**という書き方ではなく、**「人と会った時、『こちらから先に』『笑顔で』『目線を合わせて』挨拶する」のように、どのレベルで行動するかを具体的にすることが重要です。**

これをしばらく続けていると、そこに記された行動があなたにとっての当たり前の行動基準となり、それが定着すると周囲の人のあなたへの見方も変わってきます。

他己満足の精神が、人生を成功に導く

もうお気づきかと思いますが、**好かれるための行動リストは、実は相手を喜ばせるためのリストです。この相手を喜ばせるということが当たり前の習慣になると仕事はどんどんうまく回るようになります。それは、仕事の本質が、相手に価値を与えることにあるからです。**

お客様に喜んでもらえたら、気持ちよくお金を支払っていただける上に、次回も仕事を依頼してくれるかもしれません。しかし、不快にさせたら、お客様はお金を払いながらも次はこの人には頼まないと心に決めてしまいます。

これは上司との関係においても同じです。上司に可愛がられる新人になることはビジネスの世界では重要なことなのです。これは、上司に媚びろということではありません。上司もお世辞を言う新人が好きなわけではありません。**上司が好きなのは、「気が利く」新人です。どんなシーンにおいても、他者の満足を追求する他己満足の精神を持つ新人は、よく気が利き、使える新人として可愛がられるようになります。**そして、この新人は誰の前に出しても恥ずかしくない使える新人だと認識され、チャンスが広がっていきます。

他己満足の思考習慣が身につくと、あらゆる出会いがチャンスになります。この人をどう喜ばせようか。次はどう楽しんでもらおうかと考えることで自分自身の発想力や企画力が強化されるだけでなく、出会う人がこの人に何かを返したいと思うようになるからです。

人生の成功の秘訣は与えることである、という言葉があります。ギブ&テイクではなくただギブすることに集中するのです。自分は与えることだけに集中する。「与えて、取る」というギブ&テイクの精神では「取れない」時に、与える気持ちが絶えてしまいます。

そんな発想はやめて、喜びを与えることだけに集中すると、「人に喜んでもらう喜び」を体験するようになります。**お返しをしてもらうかどうかは問題ではなく、喜びを与えること自体が最大の喜びになるのです。**

リクルートで「とらばーゆ」や「じゃらん」「エイビーロード」「フロム・エー」「ゼクシィ」など14もの雑誌の創刊に関わり、創刊男として伝説を残している倉田学さんは、私が新人時代の研修で**「与えることで人に負けない人間になりなさい」と話されました。**社会の仕組みがわからず、どうしたら受注を増やし自分の目標数字を達成できるのだろうかと思い悩んでいた新人たちにとって、それは目から鱗が落ちる気づきでした。

お客様や社内の上司や同僚から、心から「ありがとう！」と言われるようなことに挑戦してみてください。業務以外でサプライズを企画してみるのもいいかもしれません。その時に体験する感情が何にも替え難いものだということがわかるはずです。

まず自分から相手を好きになる

人間関係を語る時に、「好意の返報性」という心理学的考え方を理解しておいたほうがいいでしょう。これは「好意の感情のバランスをとろうとする」心理作用で、簡単に言えば、「人は好きになってくれる人を、好きになる」という心の働きのことです。人は、自尊心を満足させてくれる人を好きになるのです。

人は自分が好かれていることを知ると、相手を無視することができなくなります。**つまり、相手に好かれたいと思うなら、まず自分から好きになることがスタートなのです。**

あなたが仕事を進めていく上で、好かれたい人をイメージしてください。好かれたいという言葉だと思い起こす人が少ない場合は、「仕事を進めていく上でいい人間関係を築いたほうがいい人」という考え方でも結構です。

今は関係がよくないけれども、本当はもっと心を開いて話ができるようになりたいという上司や先輩、あるいはお客様などもいるのではないでしょうか。

次にその方々をリスト化し、こちらから好意を十分伝えているかどうかを見直してみてください。きっといい関係を築けていない人に対しては、こちらから好意を伝えていないことがわかるのではないでしょうか。

いい関係を築くべきなのに築けていない相手で、こちらから好意を伝えていない場合は、何かしらのアクションで好意を伝えれば反応があります。好かれるための行動リストに沿って相手にアクションを起こしましょう。

問題は、いい関係を築くべきなのに築けていない相手で、こちらも今現在は好意を抱いていない場合です。典型的な例は、上司とウマが合わず、どうしても好きになれないというパターンです。このような場合、あなたが上司を嫌っている限り、関係性は変わることはありません。

まずは自分から変わることが重要です。気持ちが先でなくてもかまいません。好かれるための行動リストのアクションを自分から起こしてみるのです。初めはやらなければならないという気持ちで起こしたアクションも、相手が反応を示し、次第に心を開いてくるとあなたの中にも相手に対する気持ちの変化が生まれます。

上司にとって部下の変化は嬉しいものです。もしかしたら、部下の自己変革を待っているだけかもしれません。まずはアクションを変えてみることです。

感謝の気持ちを持つと、相手の見方が変わる

相手に対する行動を変えていくと、人間関係は確実に変わっていきます。しかし、好かれる行動をしなくてはと思って行動するのと、心から相手に喜んでもらいたいと思って行動するのでは、エネルギーの大きさはやはり違います。

では、どうしたら心から相手に喜んでもらいたいと思えるようになるのでしょうか。その鍵となるのが感謝の心です。

人は自分のために考えてくれたり、行動してくれたりする人に感謝の気持ちを抱き、好感を持つようになります。これを自分に当てはめて考えてみてください。

まず、あなたが感謝している人をリストアップしてみます。ご両親、祖父母、学校の先生、親友、先輩、部活動の先生、監督やコーチ、課長、部長、社長、お客様……。たくさん挙がってくると思いますが、まだまだいるはずです。この先を読み進める前にゆっくりと、これまでの人生を振り返って思いつく限りリストアップしてみてください。

数十人になったでしょうか。この方々は間違いなく今のあなたに影響を与えてきた方々です。この方々があなたにしてくれてきたことに対し、改めて感謝し、本当の気持ちを伝えてみましょう。最も近いところでいえば、これまであなたを育ててくれたご両親に対し、ありがとうの言葉をしっかり伝えることが大切です。

たとえどんなに仲が悪くても、ご両親が生んでくれなかったらあなたは存在していないのですから、今こうして生きているだけでも、親に感謝すべきことはあるはずです。

感謝を伝えるという行動を起こすと、人と人との関係は大きく変わり始めます。心を込めた「ありがとう」の言葉には、人間関係を強くする偉大な力が秘められています。

さて、ここでもう一段階、考えを進めてみます。あなたをこれまで支えてきてくれたのは、本当にここまでリストアップした人たちですべてでしょうか。

あなたが着ている服、あなたが口にする食べ物、あなたを乗せる電車、あなたが楽しんだ映画、あなたが読む本、あなたと友人をつなぐ携帯電話、あなたが手にするペン、あなたの喉を潤す飲み物、それを売ってくれるお店……。

そうなのです。そのどれもがどこかの誰かが、会ったこともないあなたが喜ぶことをイメージして作ってくれたり、届けてくれたり、売ってくれたりしているのです。

社会の中で生きていくというのはそういうことなのです。

これに気づくと私たちがどれだけ幸せな社会に生きているかがわかるはずです。お店で食事をした時には、心からご馳走様でしたと言えるようになります。タクシーを降りる時も、コンビニで買い物をする時も、寒い冬にマフラーを首にかける時も、いつも感謝の気持ちで生活できるようになります。

叱ってくれる上司も、無理な宿題を与えてくれたお客様も、仕事を終えて一緒に飲みに行ってくれる仲間も、今までとは違う存在に見えてきます。

そして、感謝の気持ちが湧いたのなら、その気持ちを行動で伝えましょう。一番簡単なのは、「ありがとう」と伝えることです。

一日に5回「ありがとう」と言っているならば、20回に増やしてみてください。あなたが「ありがとう」の気持ちで生活を始めると、周囲の人との関係は大きく変わってきます。

そして、それが習慣になった時、あなたは人格を備えた人として認められ始めるでしょう。

全力でぺーぺーシップを発揮せよ

好かれ方の最後に、新人時代ならではの重要な視点をお伝えします。それはぺーぺーシップと呼ばれるもので、自分がぺーぺーであることを常に認識し、行動するということです。

ぺーぺーとは地位が低く、右も左もわからない技量の乏しい下っ端を嘲う言葉で、何の役職にも就いていない平社員を「平」を重ねて「ぺいぺい」と呼んだところから生まれた言葉といわれています。

新人は、上司や先輩から見れば全員がぺーぺーです。そうは口にしない人が多いですが、新人よりも何年も仕事経験を積んでいるのですから、経験の浅い新人と自分は違うと上位職の人は思っていて当然です。

またそう思っている上司や先輩もまた、同じように新人時代にぺーぺーとして扱われる時代を過ごしてきたわけです。

ですから、明文化されているわけではありませんが、上司や先輩の心の中には、「こういうことは新人がしてくれよ」とか「こういう時は新人がすぐに動くべきだ」という当たり前の基準が出来上がっています。

例えば、上司や先輩と一緒に飲みに行ったとしたら、当然座る場所は、お店の人にいろいろ頼みやすい末席に座ります。飲み物の注文を聞いてまとめるのも新人の役目です。グラスが空きそうになったら「次、どうされますか」と伺ってすぐに注文をします。もちろん、会話は一緒に思い切り楽しんでください。

こうしたペーペーシップを「相手に指摘される前に」発揮して行動する新人は、「使えるヤツと思われて可愛がられます。逆に、行動する前に指摘されたらすでにアウトです。

例えば一番上役の人のグラスが空きそうになった時、あなたはペーペーでありながらそれに気づかず酒や食事を楽しんでいたとしましょう。すると、数年前までペーペーとして動き続けてきた先輩は、当たり前のようにそれに気づき「次は何にしますか」と上役に聞いて注文を取ってしまいます。

この時点で、先輩と上役からのあなたへの評価は残念ながら「まだまだだな」となってしまいます。飲みに連れていってもらえることも次第に減っていくでしょうし、ましてお客様との会食に連れていかれるようなことはなくなります。気配りのできない新人を大事なお客様の前に出すわけにはいかないからです。

「こういう時はお前が動くんだよ」と怒られるのであればまだ幸せです。でも実際は、心の中で思っていても口には出さない上司や先輩が多いのです。

実は私は新人時代に大きな失敗をしたことがあります。

出身が体育会であった私はこうしたペーペーシップを学生時代に身につけさせられたおかげで、同期の仲間の中では比較的早く上司や先輩に可愛がられるようになりました。しかし、会社員生活に慣れてきた私は学生時代の体育会とは違うリクルートの自由な風土の中でどこか緊張感が緩んでいたのだと思います。

ある時、私を可愛がってくれていた先輩が、大切なお客様との会食の場に私を連れていってくれたのです。今振り返ると、先輩は私に新人らしさを発揮して場を盛り上げることを期待していたのだと思います。

私は、いつものようにペーペーとして動き、会話も一緒に楽しませていただいていました。そして、だいぶ盛り上がって二次会に行き、お酒も進み、お客様が心を割って楽しんで話をしている時、ピンチがやってきました。

睡魔が襲ってきたのです。このままではいけないと、トイレに行って顔を洗ってきましたが、席に戻ってしばらくするとまた瞼が重くなってきます。寝てはいけないと何とか目を見開き続けましたが、やがて落ちてしまいました。

次に気がついた時は、お客様がお帰りになる時でした。お客様は笑顔で「頑張ってよ」と声をかけてくださいましたが「すみません」と謝るしかありませんでした。

翌日、当然のように先輩にひどく叱られました。もちろん、部署の多くの人が私の失態を知ることになりました。まさに「まだまだだな」と言われてしまったのです。

今となっては大きな学びだったといえますが、当時はかなり落ち込み、何としても信頼を回復しなくてはと必死になったのを覚えています。同様の会食にしばらく呼ばれなくなったのは言うまでもありません。

このように社会に出るとメインの業務以外で明文化されていないけれども重要なことがたくさんあります。その中でも「新人ならこうするのが当たり前」と認識されていることはたくさんあります。

そんな業務以外のことで判断されるなんておかしいと言う人もいると思います。仕事で結果を残せばいいじゃないかと言う人も多いでしょう。

しかし、「伝説の新人」を目指すのであればそんなことを言っている場合ではありません。これは上司や先輩に媚びるかどうかということではなく、常に相手のことを考えて行動できているかどうかの問題だからです。

ビジネスは常にお客様のことをお客様以上に考え、お客様が無意識に抱く期待値を超えることで成功のスパイラルに乗り始めます。

その最初の入り口が、ペーペーシップの発揮なのです。**口にこそ出されませんが「ペーペーなんだからそれくらい新人がやって当たり前」と思われていることを、指摘される前に101%の気持ちで行動に移し続ける新人は可愛がられ、次々とチャンスを獲得していきます。**

可愛がられる新人は、そうでない新人に比べて自分より上の人との会話が圧倒的に増え始めます。すると視界がどんどん変わっていきます。「今度、うちに元気な新人が入ったので連れていきますよ」とお客様との会食の席にも同席できるかもしれません。

そこで私のような失敗をしなければ、またチャンスは広がっていきます。

ペーペーシップという武器をフルに活かして可愛がられましょう。新人時代に強い人間関係を築けたら、それはその後もずっと続いていく財産になるはずです。

第七章　～伝説の新人は、好かれ方が違う～　まとめ

- 質の高い人間関係が、人生と仕事に成功をもたらす
- 好かれる人間になることは、人格を磨くこと
- 相手が喜ぶかどうかを基準に、すべての行動を見直せ
- 他己満足の精神が、人生を成功に導く
- まず自分から相手を好きになる
- 感謝の気持ちを持つと、相手の見方が変わる
- 全力でペーペーシップを発揮せよ

第八章

伝説の新人は、伝え方が違う。

まず考えよう

仕事生活のことなど考えたこともない
小学生に、あなたの仕事の内容と、
その仕事のやりがいを伝えるとしたら、
どのように興味を喚起し、
どのように説明するだろうか。

伝えたいことが伝わらなければ、成果は生まれない

新人のみならずビジネスパーソン全般に当てはまることですが、考えや思いを伝える技術は、その重要性の割にトレーニングされていないのではないでしょうか。

欧米の教育では、自分の考えをアウトプットしなければならない場が日常的にあるといいますが、日本の教育ではその比重が低いということも原因としてあるのかもしれません。

いずれにしても、伝える技術はビジネスの成否を左右する極めて重要なスキルでありながら、訓練不足の人が圧倒的に多いのが実情でしょう。

アップルを創業したスティーブ・ジョブズは、そのプレゼンテーションにおいても注目を集めていましたが、彼の聴衆をひきつけるプレゼンテーションの裏には、緻密な計算と準備、そして納得するまで繰り返す練習があったといいます。

新人にとっても伝える技術は極めて重要です。話して伝える、メールで伝える、プレゼンで伝える、企画書で伝えるなど、伝える力が求められる機会は多々ありますが、伝えたいことが伝わらないと仕事は思うように進みません。

伝えるということは、すなわちアウトプットになるわけですから、最後のアウトプットがうまくいかなければ、それまで積み重ねてきたものが台無しです。

伝えられれば数千万円に。伝えられなければ取引ゼロに

私はリクルートに入社後、営業を経て求人系の部署の制作職に配属されましたが、そこで伝える力の重要性を嫌というほど味わいました。制作職は、クライアントが何十万、何百万円をかけて出稿する広告や記事を制作することが仕事です。

就職活動をする学生や転職活動をする社会人に向けて、その企業ならではの魅力をメディアを通して伝え、企業と求職者をマッチングすることが本来の価値であり、その価値に対してお客様に広告出稿料を払っていただくわけですが、広告や記事の内容が読者に十分伝わらないと、期待されていたような効果が出ないという事態にもなってしまいます。

当時は、広告が出た後で学生や求職者から何件電話があったか、あるいは何枚ハガキが送られてきたかで広告効果が測られていました。新人時代、伝える力の未熟な私にとって、広告の結果を聞かされるのはいつも恐怖にも似た緊張感がありました。

「広告が出て3日もたっているのに、全然電話がかかって来ないけど、どういうこと？」

当時、バブル絶頂期で、学生や求職者にとっての超売り手市場だったこともありますが、最悪の場合、クライアントに百万円単位の出稿料を頂戴したのにもかかわらず、一件も反応がないということもあったのです。

原稿を作る時までは、一緒に歩んできたお客様もまったく反応がないとなるとガックリと肩を落とされたり、私たちに不信感を抱き始めたりします。時には険悪な雰囲気になってしまうことさえあります。中にはそれでも引き続き広告掲載してくれるお客様もいますが、多くの場合、二度と掲載してくれないことになってしまいます。

そんな時は、期待を裏切ってしまった罪悪感と力不足の悔しさとが入り交じる辛い思いをしたものです。

もちろんその反対に、効果が出て喜びの電話をいただくこともあります。

「朝から電話がかかりっぱなしですごい効果だよ。あの広告のおかげだよ」

このような連絡をいただいた日は、一日中幸せな気持ちでした。効果を実感していただいたお客様との取引が、百万円前後から数千万円まで広がることもありました。

伝えられれば取引が拡大し、伝えられなければ取引がなくなる。この厳しい現実に新人時代から直面していたのです。しかし、このような当たり外れのある状態では当然信頼は勝ち取れません。このままではいけない。プロとして効果を約束できる力を身につけなければ。そして安定的に効果を出すための試行錯誤の日々が続きました。

伝えるという発想から、伝わるという発想へ

効果を出すために、伝えなければならないことをどう表現すれば伝えられるのか。スキルも経験もなく苦しんでいた私に、ある日、先輩が目の覚めるアドバイスをくれました。

「伝えようと思っているからダメなんだ。伝わるかどうかを考えてごらん」

「伝える」と「伝わる」の違い。初めは言い回しが違うだけじゃないかと思いました。しかし、話を聞いていくとそこには大きな違いがあったのです。

「『伝える』という意識で仕事をしていると、いつまでたってもクライアントの伝えたいことを形にしようと考える一方通行で終わってしまうだろ。我々はクライアントの伝えたいことが学生や求職者に伝わるかどうかが勝負なんだから、受け手を基準にして『伝わる』ことを目指さないと」

目から鱗が落ちた瞬間でした。

「伝える」ということは発信者からの一方通行で、極端な話をすれば相手の前で原稿を読み上げればそれで伝えたということにもなるのです。

一方、「伝わる」ということは常に受け手が主役であり、受け手がその内容を受け入れて理解することによって初めて達成されることなのです。

これを教わり、伝えたいことを伝えようとしてばかりいる自分に気がつきました。受け手となる学生や求職者はどうしたら伝えたいことを受け止めてくれるのだろう。**発信者ではなく、受け手を基準に考えると、思考は一気に変わりました。**

伝えたいことは二つの壁を越えて初めて伝わる

「伝える」から「伝わる」にフォーカスを変えて二十数年。現在、私はコピーライターとしても仕事を行っていますが、数え切れないほどの仕事を通して、発信者の伝えたいことが受け手に伝わるまでには、二つの壁があることがわかってきました。

一つ目の壁は、受け手が発信者の伝えたいことを受容するかどうかの壁です。

つまり、聞く気になってくれたり、興味を持ってくれたりするかということです。広告の世界でいうキャッチと同じですが、相手の気持ちをキャッチして振り向かせなければ、話を始めることもできません。相手が聞く気になっていないと、耳には入っているけれど内容は届いていないという状態になってしまいます。

例えば、上司が部下を叱っている時。部下が謙虚な気持ちで心をオープンにしていれば、上司の言葉を部下は素直に受け入れるでしょう。しかし、「また説教かよ。早く終わらないかな」というスタンスでいるとしたら、目の前の上司が発する言葉は、一方の耳からもう一方の耳へとすり抜けていってしまいます。

メッセージが伝わるためには、まずは相手に受け止めてもらわないといけないのです。

二つ目の壁は、受け手が発信者の伝えたいことを理解できるかどうかの壁です。

相手が聞く気になってくれたとしても、理解してもらえなければ伝えたいことは伝わりません。たとえ日本語がお互いにできたとしても、伝えたいことの意味や概念が理解されなければ、最終的に伝わることはないのです。

子供に物事を教える際に、子供がわかる言葉を使ったり、子供が理解しやすいようなたとえ話を使ったりするのと同じです。
相手が持っている基礎的情報や経験の度合い、専門性の高さを考慮しながら、相手が理解できるように話をしなければならないのです。

つまり、メッセージは相手が受け入れ、正しく理解されることによって初めて伝わるのです。

これは広告や記事原稿の作成だけの話ではなく、人と人とのすべてのコミュニケーションにおいて当てはまります。伝えることを伝わるようにするためには、受容の壁と理解の壁を越えなければならないのです。

①誰に → 相手のことを明確にイメージする

相手を基準に「伝わる」ことを目指すのですから、まず大切なのは、伝える相手が誰かということです。例えば、あなたの会社の特徴を誰かに伝えるとします。何を伝えるか考えてみてください。きっと頭の中では会社の特徴は何だろうかと考え始め、いくつか魅力として伝えられることが出てくるでしょう。多くの人はこの段階で整理した魅力のポイントを伝え始めてしまいます。
しかし、伝える力のある人は、まだここでは伝え始めません。受容の壁を乗り越えるために、**相手のことを十分にイメージし、どんな切り口で話していけば相手が興味を持って聞いてくれるかを考えるのです。**

自社の特徴を伝えるのでも、相手が同業界の人か、他業界の人かで話すことが変わってきますし、相手の興味のポイントも変わってきます。
同業界であれば、お互いのポジションや強み弱みをある程度理解し合っていることが多いので、相手が興味を持つのは、例えば組織マネジメントの特徴であったり、働き方の特徴などが興味をひくかもしれませんが、他業界であったら、まず自業界の特徴を話し、その上で業界の中での自社のポジションや特徴について話をしていくのではないでしょうか。

さらに、相手が実家の両親だったら会社の特徴をどう伝えるか、久しぶりに会う高校の同級生だったらどう伝えるか、小学生に聞かれたらどう伝えるか、就職活動をしている後輩に聞かれたらどう伝えるか……と考えていくと、**相手によって話の切り口を変えなければ、興味をひきつけることはできないことがわかるはずです。**

②何を → 伝えることの優先順位を明確にする

「誰に」を明確にしたら、次は「何を」伝えるのかを明確にすることが大切です。

自社の特徴を相手に伝える場合、数多くある情報の中で、その人に伝えるべきことは何かという視点で優先順位をつけなければなりません。

例えば、次のような特徴があったとします。

- 若い会社である
- 商品開発に自信がある
- お客様との信頼関係が強い
- 社員を大切にしている
- 経営理念が浸透している
- グローバル化が進んでいる
- チャレンジする風土がある
- 環境が厳しい中、成長を続けている

この一つ一つが自社の特徴であることは間違いないのですが、**相手に伝える際には相手の興味の対象がどこにあるのかを考慮しながら、これらの優先順位を入れ替え、ストーリーを組み立てなければなりません。**

就職活動をしている学生で、若いうちから仕事を任され、失敗を恐れずに挑戦できる会社に興味がある人に対しては、若い会社であることやチャレンジする風土から話を進め、その他の伝えたいことはその後で伝えていくのが最も効果的です。

同様に、グローバルに活躍したいと志向している学生に対しては、海外展開の話から順に切り込んでいくことで興味をひきつけるのは言うまでもありません。つまり、伝えたいことは同じでも、**相手によってストーリー展開を変えていくことで伝わり方はまったく変わるのです。**

③どう伝えるか→伝わる方法で伝える

伝える相手を明確にイメージし、伝えるべきことの優先順位をつけたら、いよいよ『伝えるための具体的な方法』を考えていきます。

●具体的な数字や事実で説得力を高める

まずは話に説得力を持たせます。先ほど挙げた自社の特徴を例に考えてみましょう。

例えば、会社が若いということを伝えたい時に「うちの会社は若い会社だよ」といくら言っても相手には残念ながら響きません。でも、これを「社員の平均年齢は29歳で、20代社員の割合は全体の60％」と具体的に伝えると印象は大きく変わります。

同様に「グローバル化が進んでいる」と伝えるよりも、「125人の社員が世界の9拠点で活躍している」と伝えたほうが説得力は高まります。

つまり、伝えたいことを抽象的に伝えるのではなく、具体的な数字や事実を盛り込んで伝えていくのです。先ほどの特徴を具体的に表現してみましょう。

・若い会社である↓社員の平均年齢は29歳で、20代社員の割合は全体の60％
・商品開発に自信がある↓業界ナンバーワンシェアの商品が3品目ある
・お客様との信頼関係が強い↓80％のお客様がリピート顧客
・社員を大切にしている↓誕生日休暇制度がある。退社は過去5年で3人のみ

・経営理念が浸透している↓理念ミーティングで毎月エピソードを共有している
・グローバル化が進んでいる↓125人の社員が世界の9拠点で活躍している
・チャレンジする風土がある↓失敗を称賛する制度がある
・環境が厳しい中、成長を続けている↓5年連続15%成長を継続中

実は、新聞記事や雑誌の記事タイトルはこのような手法で読み手をキャッチしています。新聞や電車の中吊りを見る際に、注意してみてください。様々な工夫に気がつくはずです。

●最適な伝達手段を選択する

次に重要なのは、伝えることを伝わるようにするための伝達手段の選択です。

現代のようにコミュニケーション手段が進化し続けていると、常に最適な伝達手段は何かが問われます。昔は、直接訪問による対面コミュニケーションか、電話かファックス、あるいは手紙くらいしかなかったものが、今はメールやSNS、スカイプやテレビ会議システムなど多様な伝達手段を適切に選択する力が求められているのです。

ここでも大切なのは、自分がどの伝達手段を使いたいかではなく、相手にとってどんな

伝達手段で伝えられることが望ましいかを考えることです。

それぞれの伝達手段にはメリットとデメリットがあります。例えば、対面でのコミュニケーションは表情や姿勢からどんな思いで話しているかを伝えることができるので最も重要な手段ではありますが、対面で会おうとすると相手の時間を確保する必要が出てきます。メールでの連絡は、相手の時間を拘束しませんが、一方で思いや感情を正確に伝えるためには相当な文章構成力が求められます。

携帯電話での連絡は、すぐに直接連絡が取れる便利な手段ですが、相手の時間に勝手に割り込んでしまう可能性があります。

このように伝達手段ごとのメリットとデメリットを、相手を基準に整理し、伝えたいことの種類によって使い分けることが必要です。

伝える力は、報告、連絡、相談、提案、依頼、お詫び、感謝、紹介、広報、宣伝、教育、挨拶、祝福、お悔やみ、怒り、慰留、共感……などビジネスシーンだけでなく人間生活のあらゆる場面で求められます。そのそれぞれの場面で、相手の立場になって適切な伝達手段を選択することで、伝えたいことはより伝わるようになります。

逆に、何でもかんでも携帯に連絡してきたり、メールで連絡してきたりして、**相手の立場になれない人は、ビジネスのシーンだけでなく人としても信頼を損ねることになります。**

伝えた相手が、次の人に伝えられる伝え方を

子供の頃に伝言ゲームをやった経験がある人はたくさんいるでしょう。ある一文を最初の人から順番に一人ずつ口頭で伝えていき、最後の人に発表してもらうというゲームです。教室の縦の列の7～8人の伝言を重ねるだけで、当初の文とはかけ離れた内容になってしまって大笑いした経験がある方も多いと思います。

ビジネスにおいては、この「伝言ゲーム」は悪い状態の比喩として用いられます。伝えたはずの内容が正確に伝わらずに、当初の意図とは違う結果を導いてしまう状態です。

これを避けるためには、最初の発信者がどこまで相手のことを考えられるかが重要です。悪いパターンの典型的なものは、目の前のお客様に伝えることしか考えていない時に起こります。

提案書を使いながら目の前の担当者に伝えて合意を得たはずなのに、翌日になると「上に話してみたのですが通りませんでした」と言われてしまうパターンです。私もこの失敗

のパターンを数多く繰り返しました。そしてある時、先輩にこう言われたのです。

「担当者を出世させてこそ一人前だぞ」

この言葉を聞いて、それまでお客様の立場になって考えていたつもりが、実はまったくお客様の立場を考えていなかったことに気づいたのです。お客様を出世させるためには、お客様が自分の上司に提案するものが通らなければなりません。

それまでの私は、目の前のお客様に理解してもらうためにはどうすればいいかばかりを考えて、そのお客様が上層部にうまく説明できるかどうかまでは考えが至らないでいたのです。

直接お客様を前にして一生懸命に説明していると、言語化されていないこともそれまでの会話の積み重ねや思いが伝わることによってわかり合えることがあります。

だからこそ、対面でコミュニケーションを取ることは重要なのですが、目の前のお客様に伝えることだけを考え、しっかりと言語化することを怠ってしまうと、お客様が社内で企画を説明する際に苦労してしまうというデメリットもあるのです。

考えてみれば当然なのですが、目の前のお客様にすぐに理解していただけない提案は、そのお客様が上司に説明する際にもわかりにくい提案になっているのです。**これに気づいてからは、お客様が社内で提案を通せるように伝えるにはどうしたらいいだろうかと考えるようになりました。**そのためには、自分の手を離れても主旨が伝わっていくレベルに提案書をまとめなければならないと気づいたのです。

シンプルなストーリーで論理展開せよ

自分の手を離れても伝えたいことが伝わっていく提案書を書こうと心がけているうちに気づいたのは、シンプルなストーリーでなければ人には理解されないということでした。**目的は何で、ターゲットは誰で、課題は何で、何をすることで、どんな結果を求めるのか。**

これを一つ一つ言語化していくことで、複雑でわかりにくいものがシンプルなストーリーに整理されます。**そしてこうした提案書を書くことを意識し続けているうちに、自然と口頭で説明する際も、論理的な話の展開ができるようになってきたのです。**

まず自分の伝える力の低さを知れ

伝える力を磨くためには、まず現状の自分の伝える力を把握することが有効です。今は、ビデオ機器や音声レコーダーが充実していますので、自分の話やプレゼンテーションを録画・録音し、振り返るといいでしょう。これが最も早く自分の欠点に気づく方法です。

私は仕事で取材することが多く、原稿にする際はレコーダーで録った音声を後で聞き直すのですが、毎回、自分のコミュニケーション能力のレベルを実感させられます。

20代の頃に痛感したのは、質問の意図を伝える能力の低さでした。取材中に質問を投げかけているのですが、自分でも恥ずかしいくらいよくわからない質問になっているのです。意図した内容が伝わっていないのですから、的確な答えが返ってくることはありません。また、「えー」や「あのー」といった間投詞の多さにも気づかされました。これも聞いている側からすると、かなり耳障りであることは間違いありません。

一方で、インタビュー慣れしている取材対象者の方は、間投詞は一切使わず、テープ起こしを読み直してもそのまま原稿にできるような話をしているのです。

ある大学教授にビデオインタビューに行った時は、「何分で話せばいいの？」と聞かれ、

「3分で」とお伝えしたら、3分ピッタリで必要な情報をすべて話してくれました。

あまりに話が上手なので秘訣をお伺いしたところ、**普段から自分の話す内容を1分バージョン、3分バージョン、5分バージョン、10分バージョン、30分バージョン、1時間バージョンで原稿に整理し、いつでも話ができるように練習しているということを教えていただきました。**

やはり、話が上手な人はそれだけのトレーニングを積んでいるのです。

言葉の中の「意味の含有率」を高めよ

このように**伝える力の高い人は限られた時間の中で伝えるべきことを的確に伝えています。**一方で伝える力の低い人は同じ時間の中で日本語は発声しているものの、内容の薄い話をしているのです。

明治大学教授の齋藤孝さんは、これを「意味の含有率」と表現しています。私たちは日本語を自然に操り、言語以外の表情やボディランゲージなども使って、お互いに相手の意図を汲み取りながらコミュニケーションをしています。それだけに、自分の発言の「意味の含有率」を意識することは普段はありません。

しかし、伝える力の高い人と低い人を比べると、明らかに「意味の含有率」が違うのです。まずは自分の発する言葉の「意味の含有率」をビデオやレコーダーで確認し、その重要性を理解した上で、意識的に「意味の含有率」を高めていくようにしていくことが大切です。

「伝説の新人」を目指すのであれば、会話の内容と質を変え、伝えるべきことが伝わるようにすることで成果に結びつけることが必須です。これは言い方を換えれば、アウトプットの質を高めることにほかなりません。どんなにそれまでの過程で頑張っても、最後のアウトプットで伝えるべきことが伝わらないのでは、台無しです。

自由に操っていると思い込んでいる日本語の使い方を徹底的に磨き直すことで、仕事の進み方は大きく変わっていくでしょう。

第八章　〜伝説の新人は、伝え方が違う〜　まとめ

- 伝えたいことが伝わらなければ、成果は生まれない
- 伝えるという発想から、伝わるという発想へ
- 伝えたいことは二つの壁を越えて初めて伝わる
- 誰に、何を、どう伝えるかを考えよ
- 伝えた相手が、次の人に伝えられる伝え方を
- シンプルなストーリーで論理展開せよ
- まず自分の伝える力の低さを知れ
- 言葉の中の「意味の含有率」を高めよ

第九章

伝説の新人は、スキルの盗み方が違う。

まず考えよう

本人でさえもなぜそれができるのかを
感覚的にしか説明できないような
他者の卓越したスキルを、
あなたが自分のものにしようとしたら、
何を、どのように盗めばいいだろうか。

学びのスピードの違いは成長の違いに直結する

ビジネスでの学びは、現場の仕事からの学びと現場の仕事以外からの学びに分類できます。どちらが大切かを問われると、多くの新人は現場の仕事からの学びと答えるでしょう。それは間違いではありません。仕事の進め方を知るには現場で体験することが一番です。現場経験が少ないことは新人の代表的な弱みですから、現場で経験を積み、そこから学びを重ねていくことは必須条件です。

しかし、「伝説の新人」を目指すのであればそれだけで終わるわけにはいきません。毎日、現場で学びを重ねることはすべての新人が行っていることであり、たとえそれを高いレベルで吸収していったとしても、優秀な新人と言われておしまいです。

「伝説の新人」を目指すなら、現場以外からどれだけ学ぶことができるかも重要です。どんなに現場経験を重ねても、それだけでは自分の経験以上のことを学ぶことはできないからです。

人の何倍ものスピードで成長していくためには、現場で学べるものはすべて学び、現場

以外でも学びを重ねなければなりません。

会社は教わるための場所ではない

スキルの盗み方の話に入る前に、教わることと盗むことの違いについて考えてみます。就職活動中の学生や新人に多い勘違いの一つに、会社は自分を教育してくれるものだというものがあります。その象徴が「どんな研修制度があるのですか？」という質問です。

もちろん、会社は新しく入った人に仕事を覚えてもらわねばなりませんから、必要最小限の教育は行います。教育に力を入れている会社も数多くあります。それでもしっかり認識しなければいけないのは、会社は教育が仕事ではないということです。

会社は社会に価値を生み出すことが仕事であり目的です。その証拠に教育の必要のないレベルの人が集まっている組織には、決まった研修制度などありません。

考えてみてください。社会に出て給料をもらうようになるということは、その世界でプロとして働くということです。プロスポーツの世界で、新人選手が監督に「どんな研修制度があるのですか」などと聞くでしょうか。

教育の機会が与えられて当然という受け身の姿勢の選手は、プロの厳しい競争の世界で生き残っていくことができないのは明らかです。

ビジネスの世界も同じです。少なくとも「伝説の新人」を目指すのであれば、何でも主体的に学んでいく姿勢が必要です。**会社が教えてくれる機会を提供してくれたのであれば、それを当然のことと考えずに、感謝し本気で学ぶことです。**

教わることと盗むことの違いを理解せよ

では、教わることと盗むことの違いを見ていきましょう。

教わるのは、相手の教え方や教えてもらう内容、あるいは相手のレベルによって左右されます。一方、盗むのは常に自分次第です。自分が何を盗もうとしているかがすべてです。

また、教わるという行為は、与えられることが中心になりますが、盗むという行為は、常に自分から見つけ出さなければなりません。

どちらが効率的かといえば、一般的には教わったほうが早いし効率的で、盗むのは非効率だといえるでしょう(ただしこれは盗む技術が研ぎ澄まされるようになると話は別です)。

そしてこれが大事なのですが、教わることには答えがあるけれど、盗むことには答えが

ないということです。

盗むということは、これをやればいいんだよ、という答えを教えてもらうのではなく、自分なりに答えを導き出すということです。だから大変です。しかし、これからの時代は答えのない時代です。

マニュアルでできる仕事をやり続けていくというのであれば、教わり続ける人生でもいいでしょう。しかし、教わればできる仕事、つまりマニュアルに従えばできる仕事はグローバル化・ＩＴ化の波の中で、急速に安い労働力や機械にとって代わられ始めています。

第一、教えられればできるということだけをやっていたのでは、伝説を生み出すことなどできるわけはありません。

それでも日本社会の大きな流れは、「もはや盗んで学ばせる時代ではない」という考え方が主流です。「今の若者に盗んで学べなどと言っていたら、皆、辞めてしまうよ」と思われているのです。管理職や経営者向けの研修では常に「どうやって社員のやる気を引き出し、教育していくか」がテーマになっています。そして管理職や経営者の多くが、今の若者を扱うのは難しいなぁと頭を抱えているのです。

あなたはこの状況をどう捉えるでしょうか。

もちろん、「すごいチャンスの時代」です。

盗んで学ぶ人が少ない時代ということは、盗んで学ぶ習慣を身につけただけで、教わるだけの人とは大きな違いを作り出せるということです。なおかつ、本当は盗んで学んでほしいと思っている管理職や経営者から見ても、非常に好感の持てるスタンスだからです。自ら盗もうとする新人にチャンスが集まってくるのは言うまでもありません。

教わることができない、違いを生む違いを盗め

盗むことの重要性は理解していただいたと思います。しかし、盗めと言っても一体何を盗めばいいのでしょうか。教わることと盗むことの線引きはどこにあるのでしょうか。ここをしっかり整理しておかないと、教わればいいものまでも一生懸命盗もうとして、無駄な時間を費やすことになります。

序章でご紹介した新人時代の強みを思い出してください。

新人時代は、最も教わりやすい期間であり、教わることができるのは新人の特権なのです。**「伝説の新人」になるために、盗むスタンスが必要だということは強く意識しながらも、**

まずはこの時期に教えてもらえることはすべて教わってしまうことが重要です。30代になって教えてもらおうとしても、新人に教えるように周りが教えてくれるようなことはないからです。

まず、教えてもらえることはすべて教わってしまいましょう。でも、ここで終えてはいけません。教わることができることは、他の誰もが教わることができることなのです。**教えてもらえることを教わったら、次は教わることのできないことを盗むのです。教わることのできないことというのは、マニュアル化できないことです。**

どこの世界にも同じことをやっているはずなのに、なぜか一人だけ常に飛び抜けているという人がいます。同じようにアポ取りをして、同じように顧客訪問して、同じ提案書で、同じ商品を売っているにもかかわらず、常にトップを走っているような人です。

このような人は、本人が自覚しているかどうかはわかりませんが、必ず他者と違う何かを行っています。**その違いを生み出している何かを「盗む」のです。**

私がリクルートの制作職として働き始めた頃、社内には400人ほどの制作職の人がいました。リクルートは社員の競争意識を喚起するために、広告のクオリティを毎月行う審査会でランキングづけし、上位から順にポイントを付与していたのですが、上位にいる先輩は常に上位に位置し続けていました。当然、私はその秘密を探りたいと思ったのです。しかし、上位の10人のうち半分はまったく面識のない方で、大阪や名古屋をはじめ、全国各地に点在していたのです。

新人の私がいきなり連絡を取っても簡単に振り向いてはくれません。なんとか会って話を聞く方法はないだろうかと思った私は、自部署の若手を20名ほど集めた勉強会を企画し、その講師として招くことを思いつきました。アプローチを公式なものにしたのです。すると忙しい時間の合間を縫って、全国各地から憧れの先輩が勉強会の講師として次々とやってきてくれることになりました。

このチャンスを逃してはいけないと思った私は、毎回3時間ほどの勉強会の後に、懇親会も企画し、より深く話を聞く場をセッティングしました。もちろん、自部署の連絡窓口として私が立っているので、顔も名前も憶えてもらうことができました。

勉強会当日は、聞き漏らしのないように記録用のビデオとカセットテープレコーダーを設定し、仕事の進め方を細かく聞いていきました。若手中心の私たちにとってはなるほど！と頷かされる発見がたくさんありました。

しかし、どうしてもわからないことがあったのです。それは、「どうやったらこんなクリエイティブなアイデアが思い浮かぶのだろう」ということでした。

勉強会が終わって「やっぱりセンスが違うね」と言う者もいましたが、私はセンスで片づけてしまったらそこで終わりだと思いました。違いを生んでいる違いが何なのかを何とか見つけ出さなければ。そして懇親会に入り、隣になるチャンスを得た時に、どうしてあのようにアイデアがどんどん思いつくのかを聞き出そうとしたのです。

しかし、本人は謙遜もあったのかもしれませんが、アイデアが出る理由を明確には語ってくれませんでした。何度か粘っても話が展開しないので、最後に私は質問を変えてみたのです。

「いつ、企画を考えているのですか」

するとついに私が求めていた答えに辿り着いたのです。

「僕は、家から駅まで15分くらい歩いて通っているんだけど、家を出る前に今日はこのテーマについて考えようと決めてから歩き始めるんだ」

これこそが私が求めていた答えでした。やはりアイデアを生み出す人はその時間をブロッキングし、集中する時間を作っていたのです。

これは他の若手が教えられることなく、私だけが「盗んだ」秘密でした。

核心をつかめるまで粘り強く聞き出せ

この経験から私は粘り強く聞き出すことの重要性を学びました。どうしたら違いを生み出せるのかという話は、個人にとっても企業秘密的な要素が強い内容です。いきなり聞いてもはぐらかされることが多いでしょう。仮に本人がある秘密を持っていたとしても、それを教えるにふさわしい人間かどうかは常に判断されています。

重要なのは、「コイツには本当のことを教えてやろう」と思ってもらえるかどうかです。

そのためには、相手のことを事前に十分研究し、他者が聞くような質問ではなく、一歩も二歩も踏み込んだ質問ができるようにならなければなりません。

深い質問を投げかけられるようになると、自分のことをきちんと研究していると感じてくれるようになり、普通の人には話さないことも話してくれるようになります。

徹底的に真似ることで違いを明らかにしろ

違いを生む違いを盗み出すもう一つの方法は、徹底的に真似てみることです。中途半端に真似るのではなく、徹底的に真似ることで細かい違いが明らかになってきます。

私はコピーライターとして技術を磨き始めた時、日本を代表するコピーライターの仲畑貴志さんの作品集を写経するように書き写したことがあります。キャッチフレーズからボディコピーの句読点のつけ方まで、すべてを書き写すのです。

実はこのやり方は先輩に勧められてやることになったのですが、初めはそんな面倒なことはやりたくないと思っていました。でも、いくつかの作品を書き写していくだけで、その効果を実感できたのです。

まったく同じようにコピーを書き写そうとすると、自分の句読点のつけ方との違いや、リズムの違い、コピー展開の考え方、語尾の使い分けなど、読んでいるだけでは気づかなかった超一流のプロの技を体感することができます。そしてこの作業を重ねていくうちに、うまいコピーがなぜうまいのかが少しずつわかるようになってきたのです。

この作業で超一流のコピーライターと私との違いを発見できたのは、一字一句正確に書き写すという作業を行ったからです。以前はなんとなく眺めていただけで、ただ上手だなぁと思っていたものが、**完全に真似てみたことによって違いが明らかになったのでした。**

そして、それまでも目に入っていたのにまったく気づかなかったプロの技が見えるようになり、それを盗んで自分のものにすることで一歩一歩成長を実感できるようになりました。

私はこの時、「神は細部に宿る」ということの意味を初めて体感したのです。

守破離の「守」に徹することで道は拓ける

武術の世界には、物事を習得する段階を三つに分けた「守破離」という言葉があります。これはビジネスの世界でも当てはまる大切な教えです。

「守」とは、師匠の教えを正確かつ忠実に守り、物事の基本の作法・礼法・技法を身につける「学び」の段階をいいます。ここで重要なのは、徹底的に師の教えを守り続けることです。師が行っていることを真似ることができ、その教えが完全に自分のものになった段階で初めて次の段階である「破」に進めます。

「破」とは、身につけた技や形をさらに洗練させ、自己の個性を創造する段階をいいます。

「守」で身につけたことをベースに、独自の工夫を加えたり、応用することで試行錯誤を繰り返しながら、自分ならではの技を確立し始める段階です。

そして、最後は「離」の段階に至ります。「離」とは、「守破」を前進させ、師のもとを離れて独自の道を追求する段階です。ビジネスの世界においては、この段階に至って初めて超一流のプロフェッショナルと認められるといっていいでしょう。

20代は、「守」に徹する時です。師の教えはもちろん、師の行っていることをすべて盗み取り、自分のものにしなければなりません。

守破離は3段階で語られるため、意識の中で3等分かのように考えられてしまうこともありますが、そうではありません。圧倒的に「守」を行い続けた者のみが、次の段階へと進めるのです。基礎を身につけていないうちに、独自のやり方で動き始めると決して大きな成長は望めません。

自分で成果を出そうとするな

私の入社当時のリクルートは新入社員のほとんどが営業部に配属され、新規営業をミッションとして与えられていました。私も同様にスタートは営業職だったのです。

当時の部署には大学時代の体育会の先輩がいて、すでに全国のトップを争うレベルで大活躍していました。当然、私も早くあの先輩のようになりたいと思い、新規のアポ取りから仕事がスタートしたのです。

しかし、なかなかアポは取れません。そんな状態が1週間、2週間と続いていくうちに、同期の新人がアポを取って先輩に同行してもらい営業に出かけていくようになりました。私がようやくアポを取れるようになると、今度は初受注を上げる新人が現れ始めました。

初受注を上げた新人は、会社に戻ってくると先輩たちに「おめでとう」と言って握手をして迎え入れてもらい、大きな祝福をされるのです。私は同期の仲間として祝福しながらも、自分が結果を出せないことに焦り始めていました。


入社して2か月がたった頃、ついにそれまで体験したことのない手応えのアポが取れました。私は何としてもこれを決めたいと思い、課長に同行を依頼しました。

課長は初訪問のお客様に挨拶をするとスムーズに会話を始めました。私は横で「何とか決めてください」と祈るばかりでした。

そして、しばらくお客様と課長が話をすると、そのお客様は申込書にサインをしてくれたのです。その瞬間、ついに初受注ができたと心の中で叫びました。

すぐに会社に連絡を入れ、フロアに帰るとこれまで見てきた光景と同じように私も祝福されました。多くの先輩が「おめでとう！」と言って握手をしてくれました。

そして、最後に全国トップを争っていた大学の先輩でもある方が祝福に来てくれたのです。「おめでとう。よかったな」

私は尊敬する先輩から褒められて嬉しくなりました。そして早くその先輩のようになりたいという思いからこう言ったのです。

「ありがとうございます。でも、今回は課長に決めていただいたので、次回は自力で決めてみせます」

しかし、私のその反応が先輩の顔つきを一変させました。

「バカ野郎！　何言ってんだ。そんなことは10年早い。今、お前がやるべきことはアポをガンガン取り続けて、どんどん同行をしてもらい、売れる先輩営業マンの営業スキルを盗むことだ。力もないのに自分で決めようなんて思っていたら、一生、売れないままだ」

それは入社2か月目。尊敬する先輩から落とされた愛の爆弾でした。振り返ると、私の新人時代はここからスタートしたのだと思います。

「そうか。今は盗めることをすべて盗む時なのだ。新人時代を逃したら、同行なんて誰もしてくれなくなってしまう」。この強烈な体験によって私の目指すことは、成果を出すことからデキる人の技を盗むことに変わりました。そして、不思議なことに、フォーカスを変えたら結果がついてくるようになったのです。

盗むことが難しい時代。だからこそより強く意識せよ

現在はIT化とともに仕事の効率化が叫ばれ、技を盗むことが難しい時代になっています。仕事の大半はPC上で行われるからです。昔であれば、お客様とのコミュニケーション手段は会社に設置された電話が中心でしたから、どんなお客様から誰に電話がかかってきて、その人が電話口でどのような対応をしているかが、横で聞いていればすぐにわかりました。

しかし、今はメールと携帯電話が中心の時代です。お客様と隣の先輩がどんなメールのやり取りをしているかはわかりません。電話も携帯電話に直接かかってくることが多くなり、たとえ席で電話を受けたとしても、携帯電話を持って別の静かな場所に行って話をする人が増えています。

それだけに、以前よりも人がどのようなコミュニケーションをしているのかは見えづらくなっているのです。

この大きな時代の流れを変えることはできません。大切なのは、この時代ならではのスキルの盗み方を見つけることです。

例えば、メールボックスにCCで入ってくるメールをどれだけあなたは注意深く見ているでしょうか。そこでは発信者と受信者のやりとりが見えるはずです。

毎日、多数のメールを処理していると、たまに気の利いたメールやこう伝えればいいのかというメールがあるはずです。そうしたメールを学びにするかどうかは意識次第です。

また、以前であれば紙の回覧だった資料や企画書も、今はデータで共有されるようになりました。先輩が作った優れた提案書をそのまま自分のものにできる時代なのです。

盗む意識があれば、学びの場は自社内だけとは限りません。ブログやSNSでコミュニケーションが可能となった今、他社の人に会って話を聞こうと思って行動に移せば、かなりの確率で会うことができます。

ビデオやレコーダーなどの電子機器の発達もスキルを盗むために力を発揮します。これまでは一度しか見られなかったものがスマートフォンの録画機能を使って瞬時に録画すれば、その後何回でも見ることができます。会議でデキる先輩たちがどのように話を展開していたかも、記録していれば何度も聞き直すことができます。

つまり、どれだけ盗む意識があるかが問題なのです。盗む意識を持って生活していると街を歩いているだけでも勉強になるヒントは見つかります。電車の中吊りを見ても、コンビニの陳列を見ても、書店でタイトルを見ても、レストランで食事をしていても、世の中には盗めるものがたくさんあります。

こうした盗む意識を持って何万時間も過ごす人と、教えられる時だけ学ぶ人の間に、どうしようもないほどの差が生まれるのは当然だと思いませんか。

伝説を残すような人は、皆、そんなことは当たり前だと思っているのです。

第九章 〜伝説の新人は、スキルの盗み方が違う〜 まとめ

- 学びのスピードの違いは成長の違いに直結する
- 盗む前に、教わるだけ教わってしまえ
- 教わることができない、違いを生む違いを盗め
- 核心をつかめるまで粘り強く聞き出せ
- 徹底的に真似ることで違いを明らかにしろ
- 守破離の「守」に徹することで道は拓ける
- 自分で成果を出そうとするな
- 盗むことが難しい時代だから盗む意識を強く持て

第十章

伝説の新人は、読書力が違う。

まず考えよう

伝説的な仕事を残すビジネスパーソンのほとんどが読書家であり、その誰もが読書の重要性を説いている中にあって、「伝説の新人」を目指す20代が本を読まないでいい理由などあるだろうか。

読書習慣の有無が、10年後、埋められない差を生む

読売新聞が2011年に実施した全国世論調査によると、1か月以内に一冊も本を読んでいない人が全体の50％を占め、読書をしていない理由のトップが「時間がないから」というものでした。私たちが20代の若者たちに読書について話をする際も、読書量が少ない人が最初に挙げる理由は読む時間が取れないというものです。

しかし、これは読書を習慣づけている人からすれば発想がまったく逆になります。**なぜなら読書をすることによって知識が増えたり、自分の考え方に軸となるようなものができると、仕事の生産性やクオリティは必ず上がり、その結果、時間が生み出されるからです。**

企業を成功に導いている多忙な経営者の多くが読書家であるという事実からも、時間がないから読書はできないという言い訳は通用しないことがわかるでしょう。

時間がないから読書ができないのではなく、読書をしないから時間がないのです。

そもそも「時間がない」という言い訳をすることは、ビジネスをする上では要注意です。

どんなに忙しくても絶対にやらねばならないことは期日までにやるわけですし、毎日食事も歯磨きも必ず行うわけですから、「時間がない」というのは嘘なのです。

それは、「私にとっては、その時間を取ることの優先順位は低いのです」ということでしかないのです。本当は時間がないのではなく、読書の優先順位が低いだけなのです。

「伝説の新人」を目指すのであれば、それは絶対に許されません。**読書から学べるものの大きさは、あらゆる学びの中でも最も大きなものの一つだからです。**

最低週1冊。1年で50冊。10年で500冊は読め

では、どれだけの読書をすればいいのでしょうか。**もちろん、たくさんの本を読むことが目的ではなく、読書を通して知識や知恵を身につけ、思考力を高めることが目的です。**

しかしここでは、あえて数字を提示して最低の基準を設定します。私たちが考える「最低基準」は、週1冊、1年で50冊というものです。なぜ週1冊かというと、週1冊となれば読書を日常の習慣にせざるを得ないからです。**読書が習慣になっているかどうかで、人生は変わります。**読書が習慣になるとわかりますが、週1冊は、決して多くはありません。

突き抜けている人たちと仕事をすると実感すると思いますが、やはり突き抜けている人

はインプットの量が圧倒的に違います。そしてその核となっているのが読書なのです。**そうしたチームで動き始めると週1冊という読書量が最低レベルであるということがわかるはずです。**むしろ次から次へと知恵やアイデアを出してくる人間を前にすると、自分の読書量の少なさに焦りを感じることでしょう。

孫正義さんは起業したばかりの若い時に3年半、闘病生活をしていましたが、その間に読んだ本は4000冊といいます。400冊ではありません。4000冊です。

少量のインプットからは少量のアウトプットしか生まれませんが、大量のインプットからは大量のアウトプットが生まれます。新人時代にどれだけインプットを増やすかが勝負です。**蓄積したインプットはある時をきっかけに溢れ出します。その影響力を大きくしたいなら、インプットできる量を大きくする必要があるのです。**つまり圧倒的な読書量が必要なのです。

重要なのは常にインプットをし続けることです。伝説的な仕事を残し続ける人が、いくつになっても読書家であることからもそれはわかるでしょう。

読書不足は見抜かれ、チャンスを逃すことになる

実は私自身は20代の頃の読書量を問われると恥ずかしい返答しかできません。時間がないとは思いませんでしたが、読書の優先順位を上げてはいなかったのです。平均すると月に1～2冊、担当業務に近い広告関連の本だけを読んでいたくらいでした。

「もっと本を読んだほうがいいよ」と言ってくれる先輩もいましたが、心の中で「本を読むよりも実践で学ぶほうが重要だ」と考え、貴重なアドバイスを聞き流していたのです。

しかし、30代になってそれが大きな間違いだったことに気づき始めました。幸いにして私は担当分野ではある程度の実績を残すことができたので、領域を超えたプロジェクトに呼ばれることが増えていったのですが、そこで交わされる会話で理解できないことがたくさん出てきたのです。ビジネスの基本的な考え方や基本的な語彙が圧倒的に不足していることが原因だと感じました。

私はそれまでの自分の学習が特定領域に偏りすぎていたことと、仕事のできる人が皆知っている、基本的な考え方を身につけていないことに焦りました。あの時の先輩のアドバイスはこういうことだったのかと後悔し、その時から意識的に読書をするようにし始めた

のです。

まずは週に1冊は本を読むと決め、年間で50冊ほどのペースでスタートしましたが、読書が習慣になり活字を目にすることが楽しみになった今は年間100冊くらいは読んでいると思います。

本格的に読書に取り組み始めると、人がどんな本を読んでいるのかが気になり始めました。人からお薦めの本を聞いては読み、その本についての感想や意見を交わすことも増えてきました。そして読んでいる人はたくさん読んでいることを知るようになりました。

読書量を増やして何年かたってわかったのは、読書をしている人からは、相手が読書をしているかどうかが会話によってすぐわかるということでした。

相手が読書をしていない人だと感じたら、会話のレベルを相手に合わせて下げるしかないのです。その時、20代の時に私に「もっと本を読んだほうがいいよ」とアドバイスしてくれた先輩が、私に対し同じ感覚を持っていたのだということに気がつきました。

これは、相手が新聞を読んでいるかどうかが、新聞を読んでいる人からは丸わかりなのと同じです。新聞を読んでいない人は、話題になっている情報に対しての反応がどうしてもずれてしまうからです。

しかし、当の新聞を読んでいない人は、相手に「この人は新聞も読んでいないんだ」と思われていることすらわかりません。もしかしたら、大きなチャンスが目の前にあったのに、「新聞すら読まない情報に疎いヤツ」と思われて、そのチャンスを逃してしまったのかもしれないのに、です。

もし読者の中に新聞を読んでいないという人がいるのなら、つべこべ言わず今日から読んでください。伝説を生むきっかけとなるチャンスをくれるかもしれない大人たちは、毎朝、顔を洗って出社するのと同じように、新聞を読んでから出社しているからです。

新聞はもちろん、読書量を増やし、圧倒的にインプットを多くして、お客様や上司との会話の質が変わってくると間違いなくチャンスは増えます。それは相手と見ている視界が同じであることを共有できるようになるからです。

しかし、読書によってチャンスが拡大するという実感は、読書を重ねた人しか味わうことができません。読書をしない人は読書をしないことでチャンスを逃しているという感覚すら持つことができないのです。

それはまるで語彙力や理解力の満たない子供に大人が接する時のような状態です。日本語が通じても、理解されないことは子供には話をしないのと同じで、基礎的なインプットのない人に本質的な仕事の話はされないのです。

勉強量が2倍の人は、年収が3倍になる？

２００9年、雑誌「プレジデント」がまとめた「年収１８００万円の勉強法」という記事は様々なところで話題になりました。これは、40歳以上で年収１８００万円以上の人と、年収６００万円台の人、それぞれ５００人ずつにアンケートを実施し、それをまとめたものだったのですが、これによるとそれぞれの月間読書量は、

年収６００万円台の人は、平均２・５冊
年収１８００万円以上の人は、平均５・４冊

同様に平日1日の勉強時間については、

年収６００万円台の人は、平均64分
年収１８００万円以上の人は、平均１１１分

という結果だったのです。

このデータは読書量や勉強時間がほぼ倍の人が、3倍の年収を得ているということを表しています。もちろん、サンプルは500人ずつであり、あくまでも平均なので当てはまらない人もいるはずです。また、読書量や勉強時間を倍にすれば年収が3倍になるということでもありませんし、年収3倍のポジションに就いたから、読書量や勉強時間を倍に増やしたのかもしれません。

しかし、一つの事実として認識しておいたほうがいいデータといえるでしょう。

年収1800万円の人が年収にふさわしい価値を企業に提供していると仮定するならば、読書や勉強をしている人のほうが価値を生み出しているということは間違いのない事実だからです。

まず生き方・働き方の土台を作る本を読め

それでは、新人時代にはどのような本を読めばいいのでしょうか。私は二つの方向を意識することが重要だと考えます。

一つは、生き方や働き方の土台を作り、自分の中に核を作るような本です。

私たちは幸いなことに、多くの先人たちが人生をかけて学んできたことを数時間の読書で学ぶことができる時代に生きています。そしてその先人たちの学びを受け継ぎ、そこに新たな学びを重ねることで人類は進化し続けているのです。**この学びの中には、どんな時代においても不変のものがあります。これを社会人となって初めの数年で学び、仕事と人生の基礎を作り上げることが重要です。**

こうした本に出会うのに一番いい方法は、自分の尊敬する人に、20代のうちに読んでおくべき本を聞いてみることです。教えてもらった本をしっかりと読み込むと、尊敬する人がどうしてこの本を薦めてくれたのかがきっとわかるでしょう。

本を教えてもらって読んだら、簡単でもいいので感謝と感想を伝えるようにします。これは最低限のマナーであるだけでなく、こうすることで本を薦めてくれた人と体験を共有する関係になることができます。

こうした関係を少しずつ広げながら築いていくと、やがて仕事で結果を残している人が共通して読んでいる「定番」の本がわかるようになります。そして、こうした定番の本をしっかり読み込み自分のものにしていくと、人との会話の質が変わってくることに気づくでしょう。それこそ、ビジネスや人生における基本的な考え方が身につき始めた証なのです。

世の中には読み継がれている定番の本が何十冊かありますが、ここではそれらの紹介はいたしません。自分で自分が読むべき本に出会うことが読書の楽しみの一つであると思うからです。ぜひ読書の旅を楽しんでください。

テーマを絞り込み、集中的に読み込め

新人時代にお勧めするもう一つの本の選び方は、自分の専門領域や担当顧客に関する本を集中的に読むことです。これは実は新人時代に限ったことではないのですが、新人時代ほどインパクトのある効果が期待できます。

新人時代は経験も浅く、知識も十分に持ち合わせていないことが弱点です。ですから幅広い知識や教養を身につけなければならないのは間違いないのですが、初めから幅広く学ぼうとするとなかなか武器となる専門性が確立しません。

まずは仕事を遂行するにあたって必要なスキルを絞り込み、該当するテーマに関する本を集中的に読み込むことで一つの柱ができます。**大きな書店に行くと、領域ごとに書籍が本棚に並んでいます。イメージとしては、自分の担当する領域に関して、その本棚に並んでいる本を全部読んでしまう感じです。**

テーマを絞ってそれくらい読み込むと、新人であってもその世界で一流の人と同レベルの知識を身につけることができます。そして、一つの領域で自信がついたら、次のテーマに進めばいいのです。

新人時代に広く浅く学ぼうとしていると、効果が出るのに時間がかかってしまいます。それよりも、一つのテーマにフォーカスして信頼を勝ち取り、「○○の話なら、アイツに頼もう」と言われる状態になったほうがチャンスは広がります。

ある金融機関に勤める社員の話です。彼はサブプライム問題が米国で発生し始めた際に、これはやがて日本でも大きな問題になると考え、一足先に徹底的にサブプライムに関する本を読み込んで知識を整理し、それをアウトプットし始めたそうです。するとあっという間にサブプライムのことに関しては自分に聞かれることが多くなり、チャンスが拡大したそうです。

このようにあるテーマに関して読み込む時に重要なのは、一人の著者の本に偏らないようにすることです。人は活字になった情報を信じ込みやすい傾向があります。最初に手に取った本は、あくまでも最初の人の話でしかないのですが、気をつけないとそれが正論であると思い込みやすいのです。**だからこそ、該当するテーマについては複数の著者の複数の本を読み、まず、様々な意見があることを知らなくてはいけません。**そこから、自分の考えを導き出せばいいのです。

集中的な読書は、新人をベテラン領域に引き上げる

私がテーマを絞った集中的な読書の効果を実感した時の話を紹介しましょう。

20代後半で大手製鉄会社の採用プロモーションの担当になった時のことです。

それまでの私は、担当するお客様に十分ヒアリングをすることで企業理解をし、そこから広報戦略や広告表現を考えるという仕事の進め方をしていて、それなりにうまく仕事を進めているつもりでした。つまり相手から話を聞くことが情報収集の中心だったのです。

今でもそれが間違いだとは思いません。しかし、それだけでは足りなかったことに気づいたのです。

その製鉄会社の担当に決まった私は、お客様のところへ初訪問するまでの間に、製鉄業

界に関する本を集中的に数冊読み、一年分の関連する新聞記事と、「日経ビジネス」などのビジネス雑誌の関連記事を集めて読み込みました。そして、その会社の採用課題だけでなく業界の課題や会社の経営課題、強みや弱みなどを頭に叩き込んだのです。

営業も含めて数人のチームで訪問し、私はこれから新しく担当するディレクターとして紹介されました。そしてしばらくお客様と会話をしていく中で、業界全体の課題について話が及んだ時、私は事前に読み込み頭に入れてきたことの中から、韓国の製鉄会社の強さの秘密について感じることを少しお話ししたのです。

すると、何人か並んでいたお客様の私を見る目が明らかに変わりました。「よくご存じですね。そうなんです。実は……」

そこからは、それまでの会話とは違い、より深い課題について本音をぶつけてくれるようになりました。これまでのディレクターや営業マンの口からは出てこなかった話を私が切り出したことで、お客様は私を「話が通じる人」として認めてくれたのです。

お客様と深い会話ができたことで取引額もずっと大きくなりました。これは、テーマを絞った集中的なインプットがチャンスを拡大するということを実感した出来事でした。

読んだ本は、必ずアウトプットせよ

読書が習慣になると、本について仲間と話す機会が増えてきます。「最近、どんな本を読んでるの？」という会話から始まるパターンが多いでしょう。

読書歴が浅い頃、私はそこである力の欠如を感じ始めました。相手が興味を持ちそうな本を思い返し、本のタイトルを伝えるまではいいのですが、どんな本？　と聞かれて上手に説明ができず、自分が本当に面白いと思った本でさえ、受け流されてしまうことが何度もあったのです。要約力の欠如でした。

何が面白かったのか、どんなストーリーなのか、なぜお薦めなのか。これがうまく語れないと相手にその本の魅力が伝わりません。

しかし、その時に気づいたのはもっと根本的な問題でした。**自分は確かに一冊の本を読み終わったけれども、相手にうまく伝えられていないということは、その本で得たと思っていたものが、まだ自分のものになっていないのではないかということです。**

同じ本を読んだ仲間がその本の内容をうまく話し始めると、そこに「そうそう、あの話はいいよね」と同調することはできるのですが、自分ではうまく話せない。同じ本を魅力的に話して周囲の仲間をひきつける友人を見てすごいなぁと感心するのと同時に、このままではマズイと思い始めました。

それからは本を読んだらどのように話せばその本の魅力が一番伝わるかを考えるようにしました。そして、できる限り仲間にその話をするようにしたのです。

自分から本の内容を人に伝えるようになって実感し始めたのは、2回、3回と繰り返していくと、その話が確実に自分の中で消化されるという感覚です。後に、読書術に関する本を読んで改めて確信したのですが、**やはり読んだ本を自分のものにするためには、どんな形でもいいのでアウトプットをすることが重要なのです。**

現在、私は本を読んで面白いと思ったことや、印象に残ったフレーズは一つのドキュメントにまとめています。そのワードファイルを開くと、何十枚分にもなった言葉たちがそこに蓄積されています。これを時々プリントアウトして空いた時間に読んだりすると、以前に読んで大切だと思ったことが蘇り、様々なことがつながる感覚を得ることができます。

今は、ツイッターやフェイスブックなどに気に入った話を書き込む人も増えてきたようですが、これもアウトプットの方法としていいでしょう。

第五章の時間の使い方でも触れましたが、人間の脳は放っておくと何でも忘れてしまいます。大切な時間を使って読書をして、その瞬間は充実しても、何もしないでいたら内容をすっかり忘れてしまいます。恥ずかしながら以前の私は、その本を読むのが2回目だったことに本の終盤になって気づいたこともありました。

ですから、本を読んだらどんな形でもいいので早めにアウトプットすることを約束とし、自分の頭に残していくことを強く意識しなければいけません。この蓄積が、答えのない時代に次から次へとやってくる問題を解決していくベースとなっていくのです。

本棚に並べた背表紙からインスピレーションが生まれる

読書の仕方の最後に、本棚の活用について語りましょう。最近は電子書籍も増え、紙の本を購入しなくても読むだけなら読める環境になってきましたが、「伝説の新人」を目指すあなたには、あえてアナログな紙の本を読み、読んだ本を本棚に並べることをお勧めします。

それは、本棚に並んだ本の背表紙を眺めることで生まれるインスピレーションの力を知ってほしいからです。

本の背表紙からインスピレーションが湧く状態になるためには、そこに並べる本が、自分で読んでみて少しでも自分のためになった本であることが条件です。**書店や図書館の本棚と、自分の本棚の決定的な違いは、そこに並んだ本には自分の手垢がついているということです。**

私の場合、自分の本棚にある一冊一冊には、それぞれ数時間から数日間の時間をともにした友人のような、あるいは先生のような不思議な感覚があります。それはきっと本を読むことを通して、著者の話を聞き、頭の中で疑問を投げかけたり、強く共感したりする経験が、それぞれの本に人格のようなものを感じさせるようになるからだと思います。

例えばある著者の新書は、ゴールデンウィークに箱根に行った時、温泉に浸かりながら読み切ったのですが、本棚にあるこの本を手にすると、その温泉で著者と会話をしていたかのような感覚が蘇るのです。

同様にすべての本で、電車の中で会話した感覚、ファミレスで会話した感覚、飛行機の機内で会話した感覚……のように、その時、どこで読んだのかが思い起こされるだけでなく、どんな思いで読んだのか、何を教わったかを思い起こすことができます。

この感覚は新聞や雑誌の記事、インターネットでのインプットでは感じ得ない感覚です。かなり個人的な感覚なのかもしれません。しかし、一冊の本を読み込むということは、人生のある時間においてそれだけ影響される時間を過ごしていることであり、少なからず誰にでも自分に影響を与えた本には思い入れがあるものだと思います。

こうした思い入れのある本を近いテーマごとに並べていくと、その本棚は自分の思考のベースとなる経験が詰まった本棚になっていきます。10冊、20冊と増えていくにつれ、思考の幅の広がりを感じることができ、また新たな本を読みたくなります。

それが、100冊、200冊と増えていくと、困った時はここに立ち返ると必ず答えが出るはずという自信が生まれてきます。

重要なのは、背表紙がしっかり見えるように本を並べることです。時々、収納することを目的に物置棚のように使っている本棚を見かけますが、それでは背表紙が生むインスピレーションの力を活かすことはできません。もちろん、横に倒して積んでいってもいけません。

そして本棚の前に立ち、背表紙を眺める時間を作るのです。考えるべきテーマがある時だけでなく、なんとなく見るだけでもいいと思います。**背表紙のタイトルを見ながら、そこに書いてあったことをなんとなく思い起こすことを繰り返すだけで、一冊一冊の本で体験したこと、学んだことが潜在意識に刷り込まれていきます。**

これは読んだ本を忘れないだけでなく、閃きを生むためにも大きな力を発揮します。例えば、一段に30冊で5段ある本棚になったら、その前に立つだけで自分の頭の中にある150冊もの情報を一気に絡めて考えることができます。

気になった本は手にとって、もう一度読み返してみるといいでしょう。一回目に読む時に自分が重要に感じたり、ヒントになると感じたところをマーカーで線を引くなど、印をつけておけば2回目以降に読み返す際に効率がよくなります。重要なところだけを読み返すだけでも、思考の骨格が強化されることも実感することでしょう。

以上のことを考えると、本は借りるのではなく、買うことが重要です。新人時代は多くの給料をもらえるわけではありませんが、自己投資として考えた時に、書籍代は最も投資価値のあるものです。1500円前後の本を月に4冊、月額6000円の投資で自分を成長させ、将来の自分自身の市場価値が数十～数百倍になることもあるのです。

自分だけの本棚ができ上がり、その知識や知恵、あるいは考え方が頭の中で絡み合い始めた時、あなたは確実に「伝説の新人」に向けて一歩も二歩も前進していることを感じるでしょう。

第十章 ～伝説の新人は、読書力が違う～ まとめ

- 読書習慣の有無が、10年後、埋められない差を生む
- 最低週1冊。1年で50冊。10年で500冊は必ず読め
- 読書不足は見抜かれ、チャンスを逃すことになる
- まず生き方・働き方の土台を作る本を読め
- テーマを絞り込み、集中的に読み込め
- 集中的な読書は、新人をベテラン領域に引き上げる
- 読んだ本は、必ずアウトプットせよ
- 本棚に並べた背表紙からインスピレーションが生まれる

あとがき

20代の可能性を眠らせるな

紫垣樹郎
小宮謙一

2011年8月。私たちはこの本をまとめるきっかけとなった「伝説の新人養成講座」をスタートさせました。

活力を失い始めたといわれる日本社会に追い打ちをかけるように東日本大震災が起こり、ビジネスフィールドで活動を続ける私たちが社会を活性化するためにできることはないだろうか、と思案を続けていました。その中で、お互いのこれまでの強みをかけ合わせれば、本気の20代の若者たちの心にさらに火をつけ、社会のリーダーとして突き抜けていくためのきっかけを与えられるのではないかと考えるようになったのです。

私たちはこれまで体験してきたこと、多くの方々に教えていただいたこと、そして世の中で伝説と呼ばれている方々のお話を振り返って、20代で突き抜ける人材になるための違いをまとめました。

そして、これを「優秀な新人」と呼ばれている若者たちに伝え、さらに刺激を与え「突き抜けた人材」になるきっかけを与えたいと、二十数社の経営者や人事の方々にお話しさせていただいたのです。

ほとんどの方が、それは面白いと賛同してくださいました。そして各社から1～2名ずつ、特にイキのいい新人たちを送り出していただき、四十数名の元気な新人が一堂に集まったのです。

一方で、各領域で突き抜けたご活躍をしている方々にお声かけをして、20代の頃を振り返ってどれくらい仕事に打ち込んでいたか、何を考え、どんな壁をどのように乗り越えてきたのかを語っていただきたいとお願いしたところ、皆様にご快諾をいただき、ゲスト講師としてご自身の20代の頃の話を存分に話していただけることになりました。

リクルートで「就職ジャーナル」など複数の雑誌の編集長を務め、独立後、人材コンサルタントとしてだけでなく、コンテンツプロデューサーとして『受験のシンデレラ』でモナコ国際映画祭グランプリを受賞するなど、幅広く活動されている田中和彦さん。

元Jリーガーで交通事故から車いす生活になり、そこから車いすバスケットに挑戦を始め、シドニー、アテネ、北京、ロンドンと4度ものパラリンピック日本代表になった京谷和幸さん。

元NHKアナウンサーで、現在は大学生を対象にコミュニケーションスキルを中心に人生の切り拓き方を伝える森ゼミを主宰している森吉弘さん。

世界経済フォーラム（ダボス会議）で「ヤング・グローバル・リーダーズ2010」を受賞し、自ら立ち上げたライフネット生命保険株式会社を副社長として上場に導いた岩瀬大輔さん。

外資系教育会社において世界約6万人の中でトップセールスとなり、経営コンサルタントとして独立後は、1500社もの企業経営者向けに「高収益トップ3％クラブ」を主宰し、情報発信・コンサルティングを行っている石原明さん。

日本生命で営業・人事経験を積み、マッキンゼーを経て世界最大規模の組織・人事コンサルティングファームであるマーサーに入社し、2007年からマーサージャパンの代表取締役として活躍している古森剛さん。

こうしたゲスト講師の方々に、普通の新人研修で話すようなことではなく、20代で「伝説の新人」と呼ばれるほどに突き抜けるためにはどうしたらいいかをテーマに語っていただいたのです。

その内容は、社会に出て二十数年たった私たちが聞いても刺激を受けるようなもので、突き抜けている人はやはりそこまでやっていたのかと再認識できるものでした。

私たちは、ゲストの話も踏まえ、本書に示した10の違いについてグループワークを通して受講生たちと考えていきました。そして、その過程で受講生たちの顔つきが明らかに変わっていくのを何度も目にすることになったのです。

心に火のついた新人たち一人一人のエネルギーの高さと、彼らがお互いに20代の早い段階から他社のトップレベルの新人とつながり合うことの価値の大きさに確信を得た私たちは、これを講座だけでなく、「伝説の新人養成プロジェクト」として世に投げかけようと決断しました。

本気の20代と、本気の20代を本気で応援する大人たちが刺激を与え合う場として機能させていきたいと考えたのです。

このプロジェクトのミッションは**「20代のやる気のあるビジネスパーソンに火をつけ、一人でも多くの伝説として語られる人材を輩出し、彼らの影響力を最大にすることで社会を活性化する」**ことにあります。

もちろんこれは私たちだけの力でできることではありません。しかし、同じような心意気で20代を本気で応援しようという世代と、それに応えるべく、本気で突き抜けたいと考える20代がぶつかり合い、その輪が大きくなっていけば社会は若い力によって活性化するものと信じています。

社会には一般には知られていない伝説的な人や、伝説的な仕事がたくさん存在していまず。そうした眠っているエピソードを可能な限り掘り起し、世の中に発信していくことで本気の20代に刺激を与え続けたいと考えています。

本書でも書かせていただいたように、「伝説の新人」になるためにはこれくらいは当たり前なのだという基準が浸透していけば、日本におけるリーダー人材の育成は加速するのではないかと思います。

この本がそのきっかけになればこれほど嬉しいことはありません。

最後になりますが、「伝説の新人養成プロジェクト」立ち上げの勇気をくれた養成講座卒業生の皆さん、彼らにチャンスを作ってくださった企業の皆様、熱く20代の生き方を語ってくださったゲスト講師の皆様、これまで私たちに様々な形で教えをくださった大勢の皆様、そして本プロジェクトの書籍化にお声がけいただき、編集いただいた集英社の藤井真也さんに心から感謝を申し上げます。

最後まで読んでくださりありがとうございました。

紫垣樹郎　しがき じゅろう

株式会社インサイトコミュニケーションズ代表取締役
クリエイティブコンサルタント
クリエイティブディレクター&コピーライター

1989年、株式会社リクルート入社。ベンチャー企業から大企業まで企業の採用コミュニケーション・組織活性コミュニケーションのプランニング・クリエイティブディレクションを担当し、入社4年目に社内MVPを受賞。96年、コピーライターとして活動開始し、2年後に東京コピーライターズクラブ最高新人賞を受賞。2003年からはクリエイティブディレクターとしてリクルート自社商品のマーケティングプロモーション・ブランドコミュニケーションへと活動の範囲を広げる。05年には本質的なコミュニケーションを追求するため、インサイトコミュニケーションズ設立。クリエイティブワークを活かしたコミュニケーションのコンサルティング、クリエイティブディレクション、コピーライティングを柱に活動中。

株式会社インサイトコミュニケーションズ　http://www.i-com.co.jp/

小宮謙一　こみや けんいち

株式会社クレディコム代表取締役

株式会社リクルート人材開発部にて約2万人の学生の採用面接を行う。その後、ソフトバンク株式会社に移り、イーショッピングカーグッズ株式会社CEO、ソフトバンク・ヒューマンキャピタル株式会社にて取締役営業本部長。2006年、株式会社クレディコム設立。

伝説《でんせつ》の新人《しんじん》 20代《だい》でチャンスをつかみ 突《つ》き抜《ぬ》ける人《ひと》の10の違《ちが》い
2012年 7 月31日　第 1 刷発行
2019年 3 月18日　第13刷発行

著　者　紫垣樹郎《しがきじゅろう》　小宮謙一《こみやけんいち》
発行者　茨木政彦
発行所　株式会社 集英社
〒101-8050 東京都千代田区一ツ橋2-5-10
編集部　03-3230-6068
読者係　03-3230-6080
販売部　03-3230-6393(書店専用)
デザイン　西尾 望 (TRACKS & STORES)
印刷所　大日本印刷株式会社
製本所　株式会社 ブックアート

集英社ビジネス書公式ウェブサイト　http://business.shueisha.co.jp/
集英社ビジネス書公式Twitter　http://twitter.com/s_bizbooks (@s_bizbooks)
集英社ビジネス書Facebookページ　http://www.facebook.com/s.bizbooks

ISBN 978-4-08-786021-4 C0095